ELIZANGELA DIAS

As crianças das RODAS DOS EXPOSTOS

ESCRITOS DO SÉCULO XVIII AO XX

Copyright © 2023 de Elizangela Dias
Todos os direitos desta edição reservados à Editora Labrador.

Coordenação editorial
Pamela Oliveira

Consultoria Editorial
Heidi Strecker
Márcia Lígia Guidin

Assistência editorial
Leticia Oliveira

Projeto gráfico, diagramação e capa
Amanda Chagas

Preparação e revisão de texto
Cecília Madarás

Imagens da capa
Die Gartenlaube, publicado por Ernst Keil em 1859; Flickr.

Conselho Editorial
Ana Claudia Pompeu Torezan Andreucci – Universidade Presbiteriana Mackenzie;

Antonieta Buriti – Universidade Federal do Acre e Universidade Federal de Alfenas (UNIFAL-MG);

Marcelo Módolo – Universidade de São Paulo (USP);

Michelle Asato Junqueira – Universidade Presbiteriana Mackenzie;

Renata Ferreira da Costa – Universidade Federal de Sergipe;

Renata Munhoz – Universidade de São Paulo (USP).

Dados Internacionais de Catalogação na Publicação (CIP)
Jéssica de Oliveira Molinari - CRB-8/9852

Dias, Elizangela
  As crianças das rodas dos expostos : escritos do século XVIII ao XX / Elizangela Dias. –
São Paulo : Labrador, 2023.
  224 p.

ISBN 978-65-5625-316-9

1. Filologia 2. Menores abandonados 3. Abandono 4. Infância I. Título

23-3107   CDD 400

Índice para catálogo sistemático:
1. Filologia

Editora Labrador
Diretor editorial: Daniel Pinsky
Rua Dr. José Elias, 520
Alto da Lapa – 05083-030
São Paulo – SP
+55 (11) 3641-7446
contato@editoralabrador.com.br
www.editoralabrador.com.br

A reprodução de qualquer parte desta obra é ilegal e configura uma apropriação indevida dos direitos intelectuais e patrimoniais da autora. A editora não é responsável pelo conteúdo deste livro. A autora conhece os fatos narrados, pelos quais é responsável, assim como se responsabiliza pelos juízos emitidos.

*Um homem da tribo de Levi casou-se com uma mulher da mesma tribo,
e ela engravidou e deu à luz um filho. Vendo que era bonito,
ela o escondeu por três meses. Quando já não podia mais escondê-lo,
pegou um cesto feito de junco e o vedou com piche e betume.
Colocou nele o menino e deixou o cesto entre os juncos, à margem do rio.*

Êxodo 2:1-3

Dedico este livro a todos aqueles que tiveram um familiar deixado na roda dos expostos.

Agradecimentos

Este livro nasceu de uma pesquisa realizada na Universidade de São Paulo, no programa de Filologia do Departamento de Letras Clássicas e Vernáculas da Faculdade de Filosofia, Letras e Ciências Humanas. O objetivo da pesquisa foi analisar, a partir de uma perspectiva filológica, os escritos que acompanhavam as crianças depositadas nas rodas dos expostos. Este trabalho só foi possível com a colaboração, o empenho e a ajuda de muitas pessoas, às quais registro minha gratidão.

Ao Prof. Dr. Sílvio de Almeida Toledo, pela erudição e sabedoria — admirada por todos nós envolvidos com a Filologia — e pelo respeito à minha trajetória de vida profissional e acadêmica. Minha eterna gratidão por acreditar em meu potencial acadêmico.

À Profa. Dra. Renata Ferreira Munhoz, pelas orientações e amizade espontânea, generosa e sincera que começou na academia e se estendeu para a vida. Esta é uma pessoa em quem me inspiro e que admiro pela bondade, inteligência, rigor científico, dedicação e generosidade ímpares.

À Profa. Dra. Renata Ferreira da Costa, que foi um presente valioso que ganhei nesta minha jornada acadêmica.

Ao Fundo Sasakawa que, por meio do *Ryoichi Sasakawa Young Leaders Fellowship Fund* (SYLFF), financiou parte deste trabalho, possibilitando que eu dedicasse mais tempo e energia a esta pesquisa.

Aos colaboradores e pesquisadores dos arquivos históricos das Santas Casas de Misericórdia do Rio de Janeiro, de Salvador e de

Lisboa, que fizeram o que lhes foi possível para me fornecer acesso aos documentos das rodas dos expostos:

Museu da Misericórdia da Santa Casa de Salvador: Ana Elisa Ribeiro Novis — mordoma, patrimônio cultural; Junot Barroso — gerente de patrimônio cultural; Osvaldina Cezar Mesquita — museóloga; Filipe Mota — mediador cultural.

À Rosana Santos de Souza, coordenadora do Centro de Memória Jorge Calmon, do Arquivo da Santa Casa de Misericórdia da Bahia.

Museu da Santa Casa de São Paulo: à Ingrid Ribeiro Souza, historiadora, responsável técnica pelo acervo do museu, por sua dedicação, carisma e profissionalismo; à Maria Flor Lima Sobrinho, auxiliar de museu.

À Ligia Maria S. Camillo, restauradora experiente e dedicada, proprietária do ateliê Ligia Camillo, pessoa admirável e querida, que as pesquisas com documentos antigos me fizeram conhecer. Obrigada pelo precioso trabalho de restauro dos documentos das rodas dos expostos de São Paulo.

Ao meu amado Carlos Zibordi, por estar ao meu lado em todas as circunstâncias, por mostrar que está comigo especialmente nos piores momentos, nas horas de medo e dúvida, por respeitar e perdoar meus erros e por ter mudado minha vida. Sou feliz por estarmos juntos nesta jornada.

Sumário

PREFÁCIO — 11
INTRODUÇÃO — 17
NORMAS DA PRESENTE EDIÇÃO — 21

CAPÍTULO I
OS DOCUMENTOS E AS RODAS DOS EXPOSTOS — 25
ESCRITOS E SINAIS — 26
CONTEXTO INSTITUCIONAL, JURÍDICO E HISTÓRICO
DAS RODAS DOS EXPOSTOS — 34
AS RODAS DOS EXPOSTOS NO BRASIL — 44

CAPÍTULO II
**ORIGEM, DESCRIÇÃO E TRANSCRIÇÃO
DOS ESCRITOS DA RODA** — 61
ARQUIVOS DE GUARDA DOS DOCUMENTOS DAS RODAS DE LISBOA,
SALVADOR, RIO DE JANEIRO E SÃO PAULO — 62
REPRODUÇÃO FAC-SIMILAR E TRANSCRIÇÃO
DE ESCRITOS DAS RODAS — 70
AGRUPAMENTO DOS ESCRITOS DE MEIO EM MEIO SÉCULO — 74
60 ESCRITOS DA RODA — 77

CAPÍTULO III
ANÁLISE FILOLÓGICA DOS ESCRITOS — 121
ELEMENTOS EXTRÍNSECOS — 123
COMPOSIÇÃO DO SUPORTE — 124

FORMATO DO SUPORTE — 126
ELEMENTOS ANEXADOS AO SUPORTE: SINAIS — 130
ACRÉSCIMOS AO TEXTO — 133
ELEMENTOS INTRÍNSECOS — 135
PROTOCOLO INICIAL DOS ESCRITOS DA RODA — 136
PROTOCOLO FINAL: IDENTIFICAÇÃO DO AUTOR — 139
O TEXTO DOS ESCRITOS DA RODA: EXPOSIÇÃO (*NARRATIO*) — 146
DATA DE NASCIMENTO — 147
GÊNERO — 150
NOME — 151
O BATISMO — 154
EXPOSTOS BATIZADOS — 157
EXPOSTOS NÃO BATIZADOS — 158
FORMULAÇÃO DA EXPOSIÇÃO NOS TEXTOS — 159
O TEXTO DOS ESCRITOS DA RODA: DISPOSITIVO (*DISPOSITIO*) — 162
FORMULAÇÃO DO DISPOSITIVO NOS TEXTOS — 163
REFERÊNCIA AOS SINAIS NO DISPOSITIVO DOS TEXTOS — 164

CAPÍTULO IV
UMA PROPOSTA TIPOLÓGICA — 171
ESCRITOS DO TIPO 1 — 172
ESCRITOS DO TIPO 2 — 176
ESCRITOS DO TIPO 3 — 181
ESCRITOS DO TIPO 4 — 185

CONSIDERAÇÕES FINAIS — 189
POSFÁCIO — 193
BIBLIOGRAFIA — 195
GLOSSÁRIO DE TERMOS REFERENTES À RODA DOS EXPOSTOS — 209
ÍNDICE REMISSIVO — 220
SOBRE A AUTORA — 223

PREFÁCIO

Com grande satisfação apresentamos ao leitor o trabalho filológico de Elizangela Dias, agora acessível a toda a comunidade. Sabe-se que muitas vezes a academia debruça-se sobre si mesma, sem divulgar seu trabalho ou colocá-lo ao alcance de um público mais alargado.

Como descrever a investigação de Elizangela? A primeira etapa consistiu em localizar um *corpus* de documentos abrangente. Trata-se de uma pesquisa de campo em que a autora empreendeu viagens para coleta de material em arquivos específicos. Para isso, percorreu Misericórdias do Brasil e de Portugal, em Lisboa. Ao explicitar esta etapa do trabalho no livro, Dias mostra o estado e o funcionamento dos arquivos de guarda e nos oferece uma descrição exemplar de como funciona o trabalho de investigação científica.

A partir desta pesquisa, a autora analisou centenas de escritos e selecionou sessenta deles, datados de 1790 a 1969, para analisá-los filologicamente. Todos os documentos estão transcritos neste livro e acessíveis ao leitor. A leitura desses textos põe-nos em contato direto com os anseios, os receios e as esperanças daqueles que se ocuparam de alguma maneira em formalizar o depósito da criança. A extensão temporal da chamada "cultura da roda" é extremamente significativa.

O que são as rodas dos expostos? São uma prática que consiste no depósito anônimo de crianças em instituições da Misericórdia para serem criadas por amas secas ou amas de leite, às expensas do Estado. Trata-se de uma instituição muito antiga, que remonta ao século XIII, presente nos países católicos, especialmente em Portugal e suas colônias. A "roda dos expostos" propriamente dita é um mecanismo giratório que se encontrava nos muros das instituições que acolhiam as crianças, e ainda hoje pode ser vista em museus. Trata-se de um dispositivo que fala por si só ao apresentar duas faces, externa e interna, que se intercambiam. Como a pessoa que deixa a criança não tem sua identidade revelada, o bebê é "depositado" para, num segundo momento, ser "recolhido". Há o rompimento do vínculo com a família, que é a condição para a entrada na roda. O anonimato preserva os progenitores ou quem quer que seja que tenha depositado o recém-nascido, mas preserva sobretudo a sociedade, ao segregar a criança e deixá-la aos cuidados dos funcionários das Misericórdias e à mercê de políticas públicas que determinavam seu futuro e seu destino.

Ao tomarmos conhecimento da cultura da roda, podemos notar como o Estado controla, legitima e cria mecanismos para "resolver" o problema das crianças abandonadas, que antes se destinavam aos monturos ou às portas das igrejas e das famílias de posses. Inúmeras hipóteses podem ser construídas sobre a condição dos bebês que entraram na roda, e envolvem o racismo e o contexto social que os levou até lá. Uma das causas para o abandono certamente seria a extrema pobreza da família, que não conseguia arcar com os cuidados com o filho, como bem demonstra um trecho do conto "Pai contra mãe", de Machado de Assis, citado pela autora. Mas, como analisa Elizangela Dias, muitas outras razões contribuíram para a existência e o funcionamento das rodas dos expostos, ligadas à estrutura social que discriminava crianças nascidas fora do casamento e da família tradicional, seja por serem filhas de religiosos, fruto de estupro de mulheres, sobretudo negras ou filhos ilegítimos e indesejados.

É mister salientar que até 1889 o Brasil era um país em que a escravidão era legalizada. Num plano de abolição lenta e gradual, a partir de meados do século XIX, ocorreram várias etapas para libertar a população escravizada. A Lei do Ventre Livre, promulgada em 1871, determinou que todo filho de mulher escravizada nascido após aquela data seria considerado livre. Previam-se compensações financeiras aos senhores de escravos. Esses poderiam libertá-los aos 8 ou aos 21 anos. Caso o fizessem aos 8, receberiam indenizações pecuniárias por um prazo máximo de 30 anos. Se o fizessem aos 21, nada receberiam. Mesmo assim, a maior parte dos proprietários preferiu conservar seus escravos para exploração de sua mão de obra. Aos escravos libertos nada foi oferecido. Há informações recorrentes nos escritos da roda, já apontadas por outros pesquisadores e corroboradas por Elizangela Dias: data de nascimento, nome pretendido para a criança, referência à situação de batismo e um pedido para que a criança seja bem tratada. As razões do abandono, por sua vez, não aparecem de modo tão explícito nos escritos, sendo inferidas por algumas indicações.

Do ponto de vista jurídico, podemos destacar duas obras que a autora refere para apresentar o contexto das rodas dos expostos: a *Compilação das leis relativas aos expostos* (1820) e o *Código de Menores*, de Mello Matos (1927). No primeiro caso, trata-se de leis que foram instituídas em território da metrópole, no período que antecede ou coincide com a chegada da família real e a independência do Brasil. Já no caso do Código Mello Matos, trata-se de um dispositivo legal que estabelece critérios para a classificação dos chamados "menores" e as formas de penalização de comportamentos contrários à lei.

O abandono de crianças só passou a ser considerado crime com a promulgação do Código Penal, em 1940. Pode-se observar que o gradual desmonte da instituição da roda dos expostos aconteceu primeiro em Portugal, quando a pressão da opinião pública foi bastante relevante. No Brasil, o Decreto-Lei n. 2.848/40 passou a considerar crime o abandono de menores, com pena de reclusão.

Ainda assim, o abandono de crianças em Misericórdias continuou uma prática aceita.

A lenta desarticulação do mecanismo das rodas dos expostos coincidiu com as novas formas sociais de conceber a acolhida a crianças deixadas pela família, e nos leva a refletir necessariamente sobre as imensas transformações sociais que a questão da família, da educação e da cidadania teve em nosso país. Tomamos contato com contextos históricos que parecem distantes, mas que ainda são efetivos constituintes da forma como entendemos a infância e o papel da família.

O livro de Elizangela é rico em informações e análises com potencial para inúmeros desdobramentos, em que se cruzam várias disciplinas e campos do saber. Ao estudar minuciosamente os documentos da roda, em sua materialidade e características extrínsecas e intrínsecas, a autora identificou suas tipologias e elaborou quadros comparativos entre os vários períodos históricos, o que também fornece material abundante e de interesse para pesquisadores.

Inúmeras questões tangenciam o foco central do livro, como a constituição familiar, os cuidados com os recém-nascidos, a educação fornecida aos infantes, as condições sanitárias e de saúde das crianças e as formas de sua inserção social. O abandono de crianças e o papel do Estado e das normas jurídicas são questões complexas e multifacetadas. O valioso trabalho de Elizangela Dias contribui para a construção de novas narrativas históricas sobre a infância e o papel que a sociedade, a família e o Estado desempenham no cuidado de crianças e adolescentes e na construção da cidadania.

Percorremos um longo caminho para implementar a justiça social e desenvolver uma cultura para os direitos humanos. Crianças e adolescentes tornaram-se sujeitos de direito no Brasil com o art. 227 da Constituição Federal, em 1988. Essa condição alterou o conceito de minoridade até então vigente. A solidariedade entre família, sociedade e Estado passou a ser fundamental na garantia e efetivação destes direitos. Em 1990 foi promulgada a Lei n. 8.069, o Estatuto da Criança e do Adolescente, e que versa fundamentalmente sobre direitos.

À procura de regularidades nos escritos, a autora concluiu sua investigação com a convicção de que tais documentos são meios informais de identificação da criança. Embora não sejam documentos oficiais, com chancelas ou fórmulas divulgadas oficialmente, os escritos da roda representam a consolidação de uma parte daquilo que podemos entender como cultura da roda. Como apêndice deste livro há ainda um criterioso glossário de termos da roda dos expostos, com a fonte bibliográfica.

Sabemos que a produção do conhecimento depende da atuação de uma rede de cientistas empenhados e do apoio de parcelas da sociedade. Elizangela Dias trabalha norteada por esse princípio e realiza um estudo impecável.

Parabéns pela excelência de sua pesquisa, que já é referência em nossas aulas. Gostaríamos de ressaltar a importância de Elizangela Dias, pela sensibilidade superlativa com que trata de um tema que nos toca tão de perto e que pode ser resumido em três palavras: amor, cuidado e resgate. Só pessoas especiais escrevem sobre um tema tão especial. É por essa razão que convidamos o leitor a degustar com prazer as fecundas reflexões suscitadas pelo trabalho que vamos ler a seguir.

Profa. Dra. Ana Claudia Pompeu Torezan Andreucci
Profa. Dra. Michelle Asato Junqueira
Faculdade de Direito — Universidade Presbiteriana Mackenzie

INTRODUÇÃO

A roda dos expostos foi uma instituição de longa duração presente em Portugal e nos territórios de ultramar e que só deixou de existir em diferentes momentos dos séculos XIX e XX. Embora o objeto deste nosso estudo sejam os escritos encontrados nas Santas Casas de Misericórdia do Reino e do Brasil, a instituição da roda dos expostos também esteve presente em outras localidades da Europa, sobretudo nos Estados católicos — Espanha, França e Itália —, e ainda hoje alguns países procuram adotar formas modernizantes para o recolhimento de crianças abandonadas, como "janelas" em hospitais ou maternidades, *baby boxes*, cestos ou "caixas incubadoras", como é o caso da Alemanha, dos Estados Unidos, Coreia do Sul, Rússia e Paquistão.

Nas instituições portuguesas, os bebês podiam ser deixados anonimamente para que fossem criados pelas Misericórdias, por um período de tempo indeterminado. O dispositivo "roda dos expostos", central para o funcionamento desta prática, ficava nos muros ou paredes das Misericórdias e era um mecanismo cilíndrico de madeira que girava em torno de seu próprio eixo, e que consistia de duas partes. Na parte externa se depositava o bebê; girando-se o cilindro, a parte em que o bebê estava depositado girava para o interior do edifício, o que permitia que fosse recolhido por algum encarregado da instituição. Esse mecanismo possibilitava o depósito anônimo de crianças, ali deixadas para serem acolhidas. Isto feito, a campainha, ou o sino, era tocada pela pessoa que ali deixava a criança. O funcionário da casa, ao escutar o toque, dirigia-se até o muro para retirar a criança e providenciar o registro de seu recebimento.

No Brasil, a prática do abandono de crianças nas Rodas dos Expostos naturalizou-se, como podemos comprovar no texto de um conto de Machado de Assis. Em "Pai contra mãe", a personagem Cândido Neves, desesperada com o estado de miséria em que estava a família, cogita ter de deixar o filho na roda dos expostos.

> A situação era aguda. Não achavam casa, nem contavam com pessoa que lhes emprestasse alguma; era ir para a rua. Não contavam com a tia... Assim sucedeu. Postos fora de casa, passaram ao aposento de favor, e dous dias depois nasceu a criança. A alegria do pai foi enorme, e a tristeza também. Tia Mônica insistiu em dar a criança à roda. "Se você não a quer levar, deixe isso comigo; eu vou à Rua dos Barbonos." Cândido Neves pediu que não, que esperasse, que ele mesmo a levaria. Notai que era um menino, e que ambos os pais desejavam justamente este sexo. Mal lhe deram algum leite; mas como chovesse à noite, assentou o pai levá-lo à roda na noite seguinte.
>
> Machado de Assis ("Pai contra mãe", 1906)

A primeira etapa desta pesquisa realizou-se como trabalho de campo. Visitamos diferentes Misericórdias no Brasil e em Portugal. Selecionamos e reproduzimos um grande número de escritos, a partir dos quais compusemos nosso *corpus* usando os critérios cronológico e geográfico. Em seguida, fizemos a transcrição dos escritos selecionados.

Os escritos estudados provêm de quatro diferentes Casas de Misericórdias, localizadas nas cidades de São Paulo, Rio de Janeiro, Salvador e Lisboa. As cartas de São Paulo, por sua riqueza de informações, nos motivou à ampliação da pesquisa para as antigas capitais coloniais do Brasil — Salvador e Rio de Janeiro — e à capital do Reino — Lisboa. A partir do levantamento e seleção nos arquivos das Misericóridas destas três cidades, compusemos um *corpus* de 60 escritos, com datas entre 1790 e 1969. Trata-se portanto, de um *corpus* heterogêneo, por conter material produzido em distintos locais e períodos.

Conforme uma perspectiva filológica procuramos inicialmente identificar as principais características codicológicas do *corpus*: a datação tópica e cronológica, o tipo e o formato do suporte e o material empregado. Lembramos que a codicologia estuda os documentos manuscritos ou impressos em seus aspectos materiais, o que inclui o suporte (papiro, pergaminho ou papel, por exemplo), o formato do suporte, sua forma de encadernação, suas particularidades e também a maneira como foram transmitidos e preservados.

Os escritos da roda dos expostos apresentam diversos elementos de interesse para o filólogo e para o público em geral. Um dos mais curiosos são os *sinais*, ou seja, os elementos de identificação que podem figurar dentro dos escritos ou anexos a eles. Esses elementos têm grande importância na caracterização diplomática de alguns dos escritos, como veremos de forma mais detalhada mais adiante. Assim, por meio da análise diplomática do *corpus*, examinamos os elementos extrínsecos e intrínsecos que o caracterizam. A análise diplomática consiste no exame da estutura formal dos atos escritos, compreendidos no âmbito do contexto jurídico-administrativo de sua gênese e transmissão.

No caso dos escritos da roda, verificar que tipologia ou tipologias documentais são seguidas na elaboração dos escritos do ponto de vista diplomático é um aspecto muito importante, para onde convergem todos os elementos estudados nesta pesquisa. Saber se os escritos compõem tipos heterogêneos ou se seguem apenas um modelo é uma questão fundamental e norteadora deste estudo; contudo, constatamos que a caracterização diplomática desses escritos da roda é muito escassa, para não dizer inexistente.

A ausência de estudos diplomáticos sobre esses escritos justifica em grande parte nosso estudo, que se espelha nas funções do trabalho filológico propostas por Segismundo Spina (1977, p. 77).

Este livro divide-se em quatro capítulos. No primeiro, conceituamos o que são os escritos da roda. Examinamos o contexto de circulação desses escritos e a definição de termos frequentes e/ou próprios do estudo das rodas dos expostos, como o próprio termo *exposto*, além de *enjeitado*, *depositante* e *sinais*. Tratamos também dos contextos institucional, jurídico e histórico das rodas dos expostos e das instituições que acolheram as crianças e arquivaram os escritos.

No segundo capítulo, apresentamos a reprodução fac-similar de alguns escritos e a transcrição modernizada dos sessenta escritos que formam o *corpus* da pesquisa. Examinamos a origem dos documentos e descrevemos os arquivos que preservam os originais e as condições de manutenção dos escritos.

No terceiro capítulo, procedemos a uma análise filológica, mais especificamente diplomática, dos escritos da roda. Partimos da premissa de que as características formais do documento são determinadas pelas circunstâncias de sua elaboração, pelo grau de cultura daqueles que os redigem, pelos meios de que dispõem para elaborá-los e pelo teor daquilo que necessitam registrar. Analisamos elementos extrínsecos e intrínsecos dos escritos.

No quarto e último capítulo, propomos uma tipologia dos escritos da roda dos expostos. Investigamos as semelhanças e diferenças codicológicas e diplomáticas apresentadas nos capítulos anteriores. Por fim, consignamos as considerações finais decorrentes de nosso percurso investigativo.

NORMAS DA PRESENTE EDIÇÃO[1]

Para esta edição, destinada a um público mais amplo, faremos uma transcrição diplomático-interpretativa dos manuscritos e textos antigos com os quais trabalhamos, para tornar a transcrição acessível ao leitor. Em nossa tese de doutorado, optamos por uma transcrição conservadora-semidiplomática, que preservou características do modelo e incluiu a reprodução fac-similar de todos os escritos. Neste livro, levando em conta as considerações do estudioso e filólogo Silvio Toledo (2020), propusemos a uniformização e modernização gráfica e realizamos conjecturas mais extensas e profundas, quando julgamos necessárias para compreensão do leitor.

> Dizer que um conjunto de normas é semidiplomático revela o seu perfil intermediário entre normas diplomáticas e interpretativas, quando se trata da transcrição de um só testemunho. Mesmo assim, os limites do que se poderia denominar como "campo das normas semidiplomáticas" ou os do campo de outro tipo qualquer de normas, serão, até certo ponto, flexíveis na prática editorial. Não há só um tipo de edição semidiplomática, pelo que normas de caráter semidiplomático não podem ser únicas para todos os casos. Dentro do campo formado por normas de um tipo determinado, haverá variações, identificáveis somente por meio

---

[1] Embora a transcrição seja semidiplomática em seus traços gerais, está mais próxima do campo inovador em suas normas específicas. Seguimos as considerações feitas por Toledo (2020). In: TOLEDO NETO, S. Um caminho de retorno como base: proposta de normas de transcrição para textos manuscritos do passado. *Travessias interativas*. São Cristóvão (Sergipe), n. 20 (v. 10), p. 192-208, jan.-jun. 2020.

do exame de caso. Considerados os tipos fundamentais de edição para um testemunho, a flexibilidade normativa distribui-se neles por duas camadas ou níveis até certo ponto intercomunicantes: chamemo-las de camadas da *roupagem gráfica do testemunho* e da *conjectura*. A primeira concentra as intervenções mais superficiais sobre o modelo. A segunda distribui-se não só pela superfície gráfica como também afeta aspectos mais profundos do texto.

Em traços gerais, podemos distribuir as camadas conforme os tipos de edição que têm como base somente um testemunho: no nível mais baixo de intervenção editorial, a imitação gráfica e a inexistência, ou a pouca ocorrência, de conjecturas superficiais resultam em uma reprodução, em caracteres tipográficos, do modelo, por meio de uma transcrição diplomática. No nível mais alto de intervenção editorial aceitável, a forte uniformização e — até certo ponto — modernização gráfica, e a existência de conjecturas mais extensas e profundas, produzem uma transcrição interpretativa. (TOLEDO, 2020, p. 195-96)

1. A transcrição será semidiplomática-interpretativa, com a uniformização e modernização ortográfica. Exemplo: "aCaza daSanta Mezericordia" (Escrito 1) será transcrito como "a Casa da Santa Misericórdia".
2. A pontuação, quando possível, será modernizada ou, quando inexistente, incluída. Exemplo: "Esta menina vai já Batizada Nasceo no dia" (Escrito 4) será transcrito como "Esta menina vai já batizada. Nasceu no dia".
3. A acentuação das palavras do modelo será modernizada. Exemplo: "Mizericordia" (Escrito 9) será transcrito como "Misericórdia".
4. As abreviaturas serão desenvolvidas. Exemplo: "Ill$_{mo}$ Senhor" (Escrito 32) será transcrito como "Ilustríssimo Senhor".
5. As letras maiúsculas serão suprimidas quando desnecesárias. Exemplo: "Ahi Vay hese Menino Com hidade" (Escrito 2) será transcrito como "Aí vai esse menino com idade".

6. O emprego do til será modernizado, incidindo na primeira vogal do ditongo. Exemplo: "criaçaõ" (Escrito 39) será transcrito como "criação".
7. Eventuais erros ou grafias antigas do autor serão corrigidos e a grafia, modernizada. Exemplo: "Quando eu Poder eide / ir proqurar" (Escrito 47) será transcrito como "Quando eu puder, hei de / ir procurar".
8. Dificuldades de decifração serão marcadas com asterisco entre colchetes [*].
9. Será conservada a quantidade de linhas do original e as separações silábicas com hífen em final de linha. Exemplo: "Encontrando-me eu, á muito tempo / duente, e agora por minha infelici= / dade, dei à Luz duas Creanças" (Escrito 60) será transcrito como "Encontrando-me eu há muito tempo / doente e agora por minha infelici- / dade dei à luz duas crianças".
10. O texto será alinhado à esquerda, independente do alinhamento do modelo.
11. As datas serão modernizadas e uniformizadas.
12. Será inserido entre colchetes o termo [rasgado] quanto houver recorte intencional, sobretudo à guisa de sinal. Exemplo: "o auxílio [rasgado]s e das boas | Irmãs, [rasgado] filho chama-se; | José e os [rasgado] que" (Escrito 50).
13. Intervenções na materialidade do suporte, como recortes, colagens e objetos apensados ou a presença de desenhos ou outras marcas que podem ser consideradas sinais, serão descritas em notas de rodapé.
14. Intervenções posteriores à redação do texto (número do tombo, número de registros etc.) serão desconsideradas. Quando relevantes ao escopo deste trabalho (constituindo sinais, por exemplo) serão explicitadas em nota de rodapé.

CAPÍTULO I
OS DOCUMENTOS E AS RODAS DOS EXPOSTOS

Neste capítulo caracterizamos os escritos das rodas dos expostos e em seguida examinamos o contexto de circulação desses documentos. Procuramos ainda apresentar uma definição de termos[2] recorrentes no campo semântico referente à roda dos expostos: *sinais, exposto, enjeitado* e *depositante*. A definição desses termos é fundamental para tornar mais preciso e completo o entendimento e a posterior análise filológica e diplomática dos escritos. Como apêndice deste trabalho há um índice de termos da roda dos expostos, que traz outros termos referentes ao assunto. Examinamos também os sinais que acompanham os escritos. A seguir veremos brevemente os contextos institucional, jurídico e histórico das rodas dos expostos e das instituições que acolheram as crianças e arquivaram os escritos. São referências para essa parte a *Compilação das leis relativas aos expostos* (1820) e o *Código de Menores*, de Mello Matos (1927). O estudo das leis relativas aos expostos e à proteção de menores fornece informações imprescindíveis para compreender certos procedimentos e perceber alterações importantes na produção dos escritos, as quais estão correlacionadas com a sua datação cronológica.

---

2   Utilizamos como referências: Bluteau (1722), Venâncio (1999) e Manoel (2001, 2006, 2010).

ESCRITOS E SINAIS

Nosso passo inicial foi delimitar um grupo documental específico, reunindo os manuscritos das rodas dos expostos denominados *escritos da roda*. Este conjunto de documentos é constituído, exclusivamente, por escritos depositados junto das crianças nas rodas, porém, produzidos previamente fora das instituições. Originalmente, tais manuscritos fazem parte de um grupo indiferenciado e heterogêneo de documentos encontrados nos arquivos das instituições que acolheram os expostos e que incluem livros de registros, livros de receitas e despesas, certidões de batismo, certidões de nascimento, laudos médicos e outros.

Para delimitar nosso *corpus*, selecionamos um conjunto de escritos que acompanhavam as crianças depositadas na roda. Nas instituições que as recebiam, esses eram apenas um dos tipos de manuscrito encontrados, mas há ainda outras modalidades de documentos, como os livros de registro, os livros de receitas e despesas, as certidões de batismo, as certidões de nascimento e os laudos médicos.

Na bibliografia consultada, esses escritos são denominados de forma geral *bilhetes* ou *cartas*. No entanto, constatamos que essa denominação é imprecisa, uma vez que há mais de uma forma para a execução do texto. Propomos, portanto, o termo *escritos*, seguindo a nomenclatura adotada por Manoel e Morna, os quais se referem aos papéis manuscritos que acompanhavam a criança exposta. Conforme os autores, escrito era o "texto através do qual os pais, ou alguém de sua confiança, transmitiam as informações consideradas pertinentes".

Exposto ou *enjeitado* do passado são as *crianças abandonadas* de hoje, como observa Venâncio. *Enjeitado*, de acordo com o Dicionário Bluteau de 1722, era o "desamparado de seus pais, e exposto no adro de uma Igreja (...), ou de pessoa particular, ou depositado no campo a Deus". Outras denominações eram empregadas para denominar a criança depositada na roda dos expostos: *inocente, anjinho, imposto, infeliz* são utilizados em diversos contextos como sinônimos para fazer referência à criança deixada na roda. Neste trabalho adotamos o termo *exposto* para a criança deixada na roda; *depositante*, para quem deixa a criança na roda anonimamente e *depositar* para a ação de deixar a criança na roda.

Retornando o foco aos escritos da roda dos expostos, acrescentamos que, embora a forma do escrito seja variada, o conteúdo é recorrente. As informações geralmente presentes são as seguintes, conforme o pesquisador português Manoel (2006, p. 79): data e hora de nascimento; nome pretendido; referência ao fato de a criança já ter sido batizada, ou demonstração expressa do desejo de que seja batizada; pedido específico para a criança ser bem tratada; explicação sobre as razões que levaram à exposição do descendente; descrição das características físicas ou de seu estado de saúde; relação do enxoval que acompanhava o bebê; solicitação para não entregar a criança a uma ama residente fora de Lisboa; nota referindo a intenção de recuperar o filho logo que tal viesse a ser possível e indicação de outros elementos considerados pertinentes.

Dentre os tópicos referidos, um dos mais importantes do ponto de vista social e histórico é aquele que menciona as razões do abandono. As principais razões alegadas para o depósito na roda, conforme pudemos constatar, eram a incapacidade de cuidar da criança, por motivo de doença dos pais ou responsáveis ou a falta de recursos. Um exemplo da justificativa por falta de recursos registra-se no escrito a seguir. A autora define-se como "uma mãe extremosa, mas muito pobre":

FIGURA 1 — Manuscrito com pobreza como razão do abandono da criança; Santa Casa de Misericórdia de Lisboa, 1892.

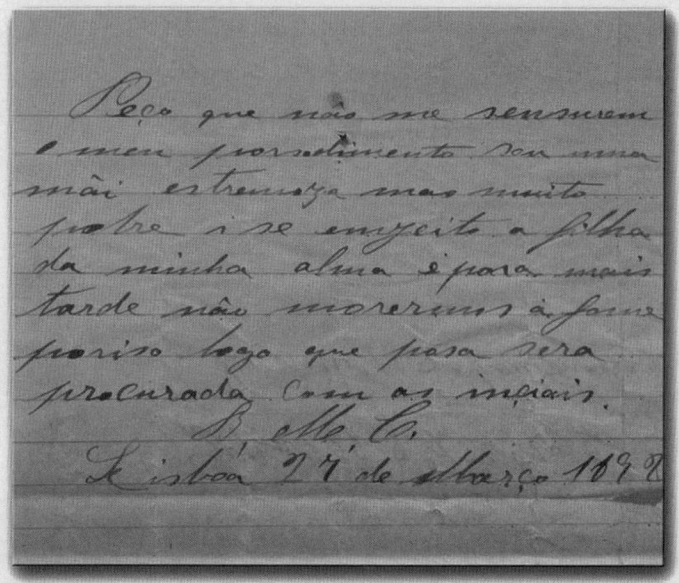

Peço que não me censurem
o meu procedimento, sou uma
mãe extremosa mas muito
pobre e se enjeito a filha
da minha alma é para mais
tarde não morrermos à fome.
Por isso logo que possa será
procurada com as iniciais
B.M.C.
Lisboa, 27 de março de 1892.

Havia ainda outras razões para o abandono do exposto, como a *necessidade política*, como evidencia o exemplo a seguir — no entanto, não cabe ao escopo deste estudo investigar qual necessidade política seria essa.

FIGURA 2 — MANUSCRITO COM NECESSIDADE POLÍTICA COMO RAZÃO DO ABANDONO DA CRIANÇA — SANTA CASA DE MISERICÓRDIA DE LISBOA — 1800

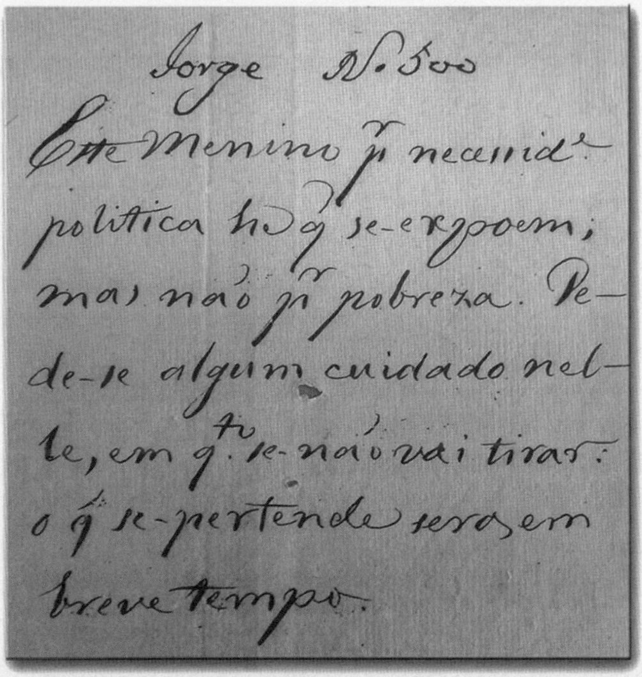
Jorge N.º 500
Este menino p.r necessid.e
politica he q. se-expoem;
mas não p.r pobreza. Pe-
de-se algum cuidado nel-
le, em q.to se-não vai tirar:
o q. se-pertende será em
breve tempo.

Jorge
Este menino por necessidade
política é que se expõe;
mas não por pobreza. Pe-
de-se algum cuidado ne-
le, enquanto se não vai tirar:
o que se pretende será em
breve tempo.

Entretanto, a legislação relativa aos expostos reconhece como razões que levam os responsáveis a enjeitar as crianças, além da extrema pobreza, a necessidade de ocultar sua origem e a falta de interesse dos pais em relação às crianças, que consideram sua criação um encargo do qual procuram se desincumbir³. Outras hipóteses podem ser aventadas, se levarmos em conta os contextos históricos em que os escritos foram produzidos e o papel reservado à mulher nessas sociedades. No Brasil, o contexto escravista ajuda a explicar como muitos dos expostos podem ter sido filhos de escravas, servindo como amas de leite de filhos de seus donos brancos, logo após dar à luz seus próprios filhos. A questão da violência contra a mulher, embora silenciada no contexto da roda, pode ter sido um dos vetores da própria existência e permanência da instituição da roda dos expostos⁴.

Além da forma e do conteúdo textuais, uma particularidade dos escritos da roda é a presença de *sinais* para indicar a intenção de reclamar a criança posteriormente. Como ensina Rodrigues (1987, p. 8), "o modo de identificar o exposto visando uma futura recuperação ou a manifestação de um liame originário é impreciso e inicia-se com a aposição à criança abandonada de documentos (...) que marquem sua origem".

Na bibliografia sobre os escritos da roda, o termo *sinal* pode designar tanto manifestações dos autores nos textos dos escritos como objetos deixados na roda junto das crianças. Bluteau (1789, t. II, p. 402) define *sinal* como "qualquer coisa da qual vimos em conhecimento de outra com que ella tem connexão natural". Há sinais

---

[3] A *Compilação das leis relativas aos expostos* (PINTO, 1820, p. 7) relaciona três razões principais que levavam os progenitores a enjeitar as crianças: 1: Os perigos que corriam se sua origem fosse conhecida, como no caso de crianças fruto de uniões clandestinas; 2: A suma pobreza dos pais; 3: A perversidade dos pais, que sufocam em seus corações o sentimento de amor paterno e lhes faz considerar a criação dos filhos como um peso do qual procuram aliviar-se.

[4] A prática de entregar crianças brancas para serem amamentadas por amas escravas negras difundiu-se por todo o período colonial. Note-se que muitas vezes os próprios filhos das negras escravizadas eram entregues à roda para que elas pudessem amamentar melhor os filhos de seus patrões. Quando a escrava era alugada para amamentação de crianças de outras famílias, o lucro dessa operação ficava com seu proprietário. Outro fator que deve ser levado em conta no contexto da roda, durante o período da escravidão, era o destino das crianças ilegítimas, frutos de estupros sofridos por mulheres negras. Durante a campanha abolicionista, os benefícios do aleitamento materno começaram a ser apregoados por médicos higienistas, não sem a desqualificação do leite das amas negras, que seria transmissor de vícios e da estupidez das próprias negras escravizadas. "Entregam com toda a liberdade as crianças às amas, negras africanas, estúpidas, cheias de vícios, sem carinhos etc., o que faz que as crianças facilmente adquiram esses vícios, tornam-se impertinente etc. etc. (COSTA, Carlos. *Jornal de Família*, maio 1879, p. 67).

que são elementos de identificação anexos aos escritos ou variações relacionadas ao suporte da escrita. Podem consistir, por exemplo, de pedaços de tecido costurados ou colados, fitas perpassadas no papel, ou mesmo alterações no formato do escrito. O escrito reproduzido a seguir apresenta um pedaço de tecido colado ao papel como sinal.

FIGURA 3 — ESCRITO COM PEDAÇO DE TECIDO COSTURADO — SANTA CASA DE MISERICÓRDIA DE LISBOA — 1850

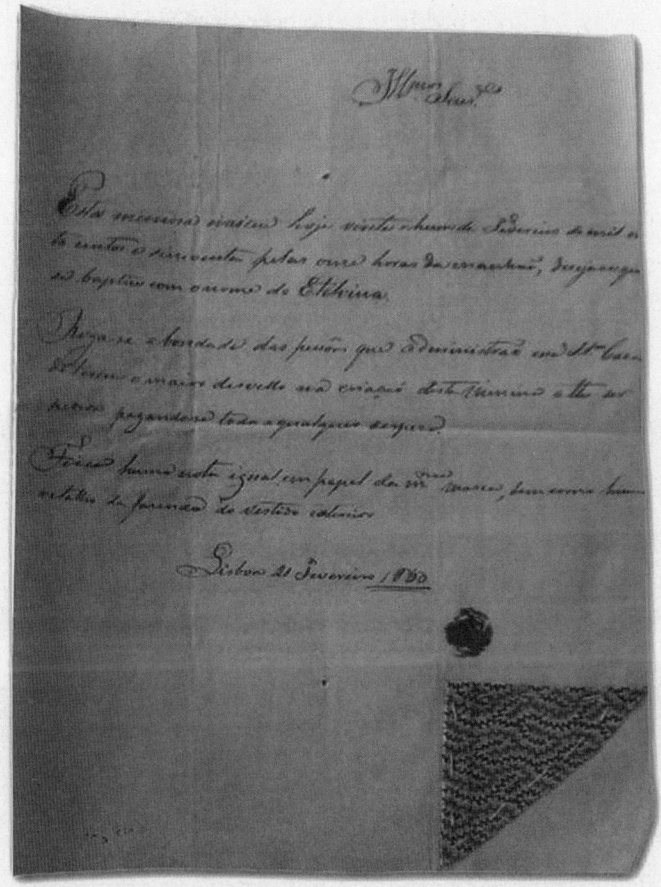

Ilustríssssimos Senhores,
Esta menina nasceu hoje, vinte e um de fevereiro de mil oi-

tocentos e cinquenta pelas onze horas da manhã, deseja-se que se batize com o nome de Etelvina.

Roga-se à bondade das pessoas que administram essa Santa Casa de terem o maior desvelo na criação desta menina até de ser preciso pagando-se toda e qualquer despesa.

Fica uma nota igual em papel da mesma marca, bem como um retalho da fazenda do vestido e [coterier][5].

Lisboa, 21 de fevereiro de 1850.

Em um exemplo reproduzido no escrito abaixo, podemos observar como a forma de coração do suporte parece indicar um nexo afetivo entre os responsáveis e o exposto.

Figura 4 — Escrito com suporte em formato de coração, Santa Casa de Misericórdia de Lisboa, 1890

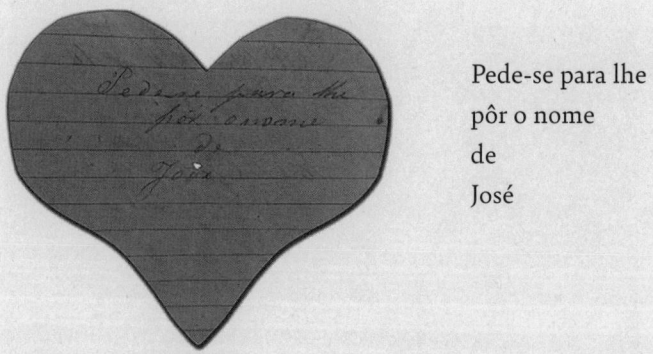

Pede-se para lhe
pôr o nome
de
José

O termo *sinal* também pode referir-se ao próprio texto. Caso houvesse uma cópia do escrito em poder do depositante ou do responsável pela criança, o próprio escrito poderia servir como sinal. Como esclarecem os estudiosos Manoel e Morna, "em muitas ocasiões (...) os pais permaneciam com um exemplar igual e, por vezes,

---

5 Supomos que se seja forma variante de cotelê.

chegavam mesmo a inserir cortes no documento, para que o encaixe das duas partes comprovasse a autenticidade dos exemplares".

O autor do escrito também poderia efetuar recortes no suporte do escrito, para que as partes faltantes pudessem servir como sinal. Por vezes, esses recortes eram realizados onde estavam as assinaturas, dividindo-as ao meio.

Os escritos ora estudados eram depositados na roda junto das crianças, de forma anônima, não obrigatória e sem regulação legal. Não há, até o momento, elementos suficientes para identificar sem qualquer dúvida quem seriam seus autores intelectuais e seus autores materiais. Seriam sempre os pais ou responsáveis pelas crianças? Pode-se até mesmo formular a hipótese de os escritos terem sido redigidos por pessoas especializadas em produzir esse tipo de documento. A questão da autoria será problematizada no decorrer deste estudo, por meio da análise filológica dos escritos do *corpus* desta pesquisa.

Do ponto de vista diplomático, os escritos da roda, embora não sejam obrigatórios e geralmente sejam anônimos, pretendem ser documento comprobatório, um "atestado de origem da criança", um substituto da certidão de batismo ou do registro civil. Efetuam uma transferência da responsabilidade dos pais ou responsáveis, não só da guarda da criança para as Misericórdias, mas são também uma forma de garantir o direito ao nome/registro civil/batismo da criança.

Para realizar a análise dos escritos, partimos do pressuposto de que esses podem ser considerados atos jurídicos e, portanto, documentos[6], pois tudo o que está na esfera do funcionamento das rodas constitui uma prática dirigida a uma instituição.

---

6 Para Luciana Duranti, documento é o escrito que "contém informação transmitida ou descrita por meio de regras de representação que são, elas próprias, evidência da intenção de revelar informações". (DURANTI, 1989, p. 15, tradução nossa)

Mesmo sendo um documento, suas partes não estão explicitadas a *priori*, mas explicitá-las é exatamente o objetivo deste nosso trabalho. Por meio de um estudo comparativo, que examina filologicamente diversos escritos provenientes de lugares e épocas distintas, buscaremos definir sua estrutura diplomática. Como afirma Duranti, as regras de cada parte do documento podem ser "fórmulas, estilo burocrático ou literário, linguagem especializada, técnicas de entrevista e assim por diante"[7].

O exame filológico dos escritos da roda será um meio para se obter melhor conhecimento desses documentos. É relevante ressaltar que, conforme o ensinamento de Duranti, "essas regras, que chamamos de *forma*, refletem estruturas políticas, legais, administrativas e econômicas, bem como a cultura, os hábitos, os mitos, e constituem parte integrante do documento escrito" (tradução nossa).[8]

CONTEXTO INSTITUCIONAL, JURÍDICO E HISTÓRICO DAS RODAS DOS EXPOSTOS

O funcionamento das rodas dos expostos era regulado pelo Estado e seguia padrões administrativos semelhantes em diversas partes do território português. A administração da Casa da Roda no século XVIII era feita pela Mesa dos Expostos, que contava com um presidente, um escrivão e um tesoureiro. O presidente da Mesa era o provedor da Santa Casa, que tinha também a incumbência de

---

[7] Any written document in the diplomatic sense contains information transmitted or described by means of rules of representation, which are themselves evidence of the intent to convey information: formulas, bureaucratic or literary styles, specialized language, interview technique, and so on. (DURANTI, 1989, p. 15)

[8] These rules, which we call form, reflect political, legal, administrative, and economic structures, culture, habits, myths, and constitute an integral part of the written document, because they formulate or condition the ideas or facts which we take to be the contente of the documents. (DURANTI, 1989, p. 15)

administrar o hospital. O escrivão era responsável pelos livros de receitas e de despesas. O tesoureiro, por sua vez, encarregava-se de cobrar as rendas e esmolas, e determinar os dias de pagamento das serventes e amas contratadas. Nenhum dos componentes da Mesa dos Expostos entrava em contato direto com as crianças. Esses três membros eram classificados como de *condição maior* ou *nobres*. No entanto, havia outros participantes escolhidos entre os membros da Casa de *condição menor*, designados oficiais. Compunham ainda a administração: o secretário, o visitador e dois mordomos.

O organograma que apresentamos a seguir demonstra a composição geral da Mesa dos Expostos, que era válida para as Casas da Roda de Portugal. No Brasil, o organograma era muito semelhante, excluindo-se em alguns casos o visitador ou o secretário.

Figura 5 — Organograma da composição geral da Mesa dos Expostos

```
                    ┌──────────────────────┐
                    │  Mesa dos Expostos   │
                    └──────────────────────┘
                               │
                    ┌──────────────────────┐
                    │  Presidente/Provador │
                    └──────────────────────┘
                               │
        ┌──────────────────────┼──────────────────────┐
   ┌──────────┐                                   ┌────────────┐
   │ Escrivão │                                   │ Tesoureiro │
   └──────────┘                                   └────────────┘
   ┌────────────┐         ┌────────────┐         ┌────────────┐
   │ Secretário │         │ Visitador  │         │ Mordomo 1  │
   └────────────┘         └────────────┘         ├────────────┤
                                                  │ Mordomo 2  │
                                                  └────────────┘
```

O secretário registrava a matrícula dos enjeitados, elaborava os livros de pagamento, o de receitas e despesas, e o de requerimentos e legados. O visitador efetuava o pagamento das amas de leite em suas próprias residências e verificava o estado da criança sob seus cuidados. Os mordomos cumpriam o papel de fiscais, tendo o poder de transferir o enjeitado a uma outra ama em caso de maus tratos.

O funcionamento interno das Casas dos Expostos era desempenhado pelas pessoas que se dedicavam diretamente ao trato das crianças que ingressavam na roda dos expostos. O historiador

Renato Pinto Venâncio explica as funções de seus funcionários: "a principal responsável pelo dia a dia da casa da roda era a ama-seca, que também recebia o título de rodeira", e tinha o dever de "retirar a criança da roda e entregá-la às amas de leite internas, cujo número variava de acordo com as necessidades da época". As amas internas, a partir do recebimento do bebê, davam início aos atendimentos práticos: examinar, banhar, agasalhar, alimentar, e aos procedimentos burocráticos.

Figura 6 — Organograma funcional geral da Casa dos Expostos

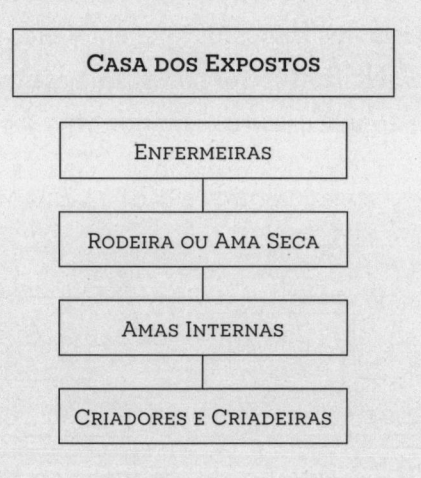

```
┌─────────────────────┐
│  CASA DOS EXPOSTOS  │
└──────────┬──────────┘
┌──────────┴──────────┐
│     ENFERMEIRAS     │
└──────────┬──────────┘
┌──────────┴──────────┐
│ RODEIRA OU AMA SECA │
└──────────┬──────────┘
┌──────────┴──────────┐
│    AMAS INTERNAS    │
└──────────┬──────────┘
┌──────────┴──────────┐
│CRIADORES E CRIADEIRAS│
└─────────────────────┘
```

No Livro de Registro dos Expostos, anotava-se o dia e o horário em que a campainha soara, bem como as informações concretas, como as roupas que o bebê usava, suas características físicas e se trazia consigo algum escrito ou outros objetos, como esclarecem Manoel e Colen (1999, p. 41).

Após esses procedimentos, o bebê era entregue a uma ama de leite, chamada criadeira, paga pela municipalidade, que o recebia em sua casa para amamentar o exposto até os três anos e criá-lo até os sete anos de idade, conforme elucida Venâncio (1999, p. 27). Após essa idade, a criança era encaminhada para aprender um ofício objetivando a ser emancipada com a maior brevidade possível.

Os expostos do sexo masculino que saíam da Casa para aprender ofício deveriam receber um pagamento pelo seu trabalho. Do mesmo modo, as expostas encaminhadas para o trabalho doméstico também eram remuneradas.

O abandono infantil era uma prática bastante difundida em todo o Reino de Portugal, e o ato de depositar crianças para serem criadas por caridade era legalizado. Encontramos registros referentes ao cuidado com enjeitados e órfãos que datam do século XIII, sob o reinado de D. Afonso III, com a fundação do Hospital dos Meninos, em Lisboa. Em Santarém, por volta de 1321, foi construído um hospital para cuidar de órfãos, como aponta Moisão (2012, p. 79). As *Ordenações Manuelinas* (1512-1603), que formavam o conjunto de leis que regia o império português, constituíram o delineamento jurídico e administrativo dos cuidados com os órfãos e enjeitados. A responsabilidade sobre a criação dos enjeitados, na falta de progenitores e na ausência de hospitais ou albergues dotados de bens para essa finalidade, passou a ser das Câmaras Municipais, que podiam cobrar impostos para este fim[9]. A instituição da roda dos expostos foi se disseminando até que, em 1783, por determinação da rainha D. Maria I, todas as localidades do reino deveriam possuir este mecanismo para o depósito dos enjeitados.

> Em todas as cidades, e vilas do Reino deve haver Casa de roda, para expor os meninos, que se enjeitarem, e esta existir no lugar mais acomodado que possa haver, em cada uma das terras, em

---

[9] (...) se alguns órfãos não forem de legítimo matrimônio, forem filhos de alguns homens casados ou de solteiros, em tal caso primeiramente serão constrangidos seus pais, que os criem; e não tendo eles por onde os criar, se criarão à custa das mães; e não tendo uns nem outros por onde os criar, sejam requeridos seus parentes que os mandem criar; e não o querendo fazer, ou sendo filhos de religiosos, ou frades, ou freiras ou de mulheres casadas, por tal que as crianças não morram por míngua de criação, os mandarão criar à custa dos bens dos hospitais, ou albergarias, se os houver na cidade, vila, ou lugar ordenados para criação dos enjeitados; e não havendo aí tais hospitais ou albergarias, se criarão à custa das rendas do Conselho; e não tendo o Conselho rendas por onde se possam criar, se lançará fintas (...). Ordenações Manuelinas, Livro I, Título LXVII, p. 482. In: http://www1.ci.uc.pt/ihti/proj/manuelinas/ Acessado em 19 de junho de 2017.

que devem estabelecer-se; para que mais facilmente se possam expor as crianças sem serem observados, e conhecidos tão facilmente os seus condutores. (Ordem Circular da Intendência Geral da Polícia de 24 de maio de 1783)[10]

As Câmaras Municipais e as Misericórdias foram as principais instituições responsáveis por sustentar a assistência às crianças abandonadas em Portugal e em suas colônias (FRANCO, 2014, p. 7). A fundação da Confraria de Nossa Senhora da Misericórdia, em Lisboa, foi precursora da criação de dezenas de outras irmandades, que se espalharam por todo o reino, especialmente após a circular expedida pela rainha D. Maria I, confome explica Ribeiro:

> Tamanho renome ganhou, mercê de suas obras benéficas a Santa Casa de Lisboa, da qual por imitação, derivaram logo as Misericórdias de todas as vilas e concelhos no continente do Reino, na Ásia, na África e na América, por todas as extensas regiões do então vastíssimo império português. (RIBEIRO, 1902, p. 424)

Em virtude disso, a forma de a Misericórdia de Lisboa administrar a caridade tornou-se um modelo de assistência institucionalizada. Franco (2014, p. 7) aponta que o protagonismo da confraria "tendeu a monopolizar as novas fundações de hospitais, homogeneizando consideravelmente o sistema a partir do modelo de Lisboa".

No entanto, a prática do abandono infantil ampliou-se consideravelmente, como explica Sá. Houve um aumento progressivo no abandono de crianças até a segunda metade do século XIX:

> Quer porque era relativamente fácil abandonar um recém-nascido de forma anónima (nas igrejas e outros locais muito

---

10   PINTO, 1820, p. 8.

frequentados, ou à porta de particulares), quer porque passou a existir um dispositivo — a roda —, que permitia fazê-lo de forma segura sem revelar a identidade dos abandonantes, o fenómeno cresceu exponencialmente. (SÁ, 2014, p. 154)

Os enjeitados eram vistos como filhos do Estado, que tinha a responsabilidade de acolhê-los e educá-los, conforme afirma Pinto:

> (...) sendo certo que a Humanidade, e a Politica pedem, que se salvem da morte criaturas desgraçadas, que apenas nasceram foram logo desamparadas pelos autores de sua existência; que se aumente a povoação, recebendo estes infelizes em o número dos cidadãos; e que se procure conseguir que eles sejam membros úteis da Sociedade, dando-lhes uma educação, que os habilite para este fim; pois que sendo os *Engeitados* propriamente filhos do Estado, que faz as vezes dos Pais, que não conheceram (...). (PINTO, 1820, p. 3)

A organização da assistência aos expostos, em fins do século XVIII, abrangia todo o território português e a mesma legislação, determinada pelo Poder Central[11], aplicava-se a todas as vilas e cidades do reino. Nesse período, as despesas com as Casas das Rodas e com a criação dos expostos competia aos Concelhos Municipais.

Nas maiores cidades portuguesas, como Lisboa, Porto, Coimbra e Évora, a responsabilidade pelos enjeitados cabia às Santas Casas de Misericórdia. No entanto, o sistema de acolhida das crianças, bem como o envio dos enjeitados até os sete anos de idade a uma ama para aleitamento e criação, era regulado pelo Estado (Cubeiro, 2011, p. 9).

A estrutura setecentista passou a apresentar inúmeras dificuldades que interferiam no sistema de criação dos expostos, sobretudo

---

11 Ordem Circular da Intendência Geral da Polícia, 1783.

de ordem orçamentária e de fiscalização. Dessa maneira, em 1836, uma nova lei passou a criação dos expostos à responsabilidade exclusiva dos distritos administrativos e extinguiu a competência das Misericórdias no amparo a essas crianças[12]. Entre as razões conhecidas, o crescente número de expostos e as dificuldades financeiras e administrativas para a sua criação fizeram que, em 1852, o Código Penal Português caracterizasse como crime o abandono de crianças fora das rodas, para evitar que fossem deixadas à sua própria sorte ou em frente às casas de particulares. Leiam-se, como confirmação, os artigos 345, 346, 347 e 348 do Código Penal[13]:

> Art. 345. Aquele, que expuser e abandonar algum menor de sete anos em qualquer lugar, que não seja o estabelecimento público destinado à recepção dos expostos, será condenado à prisão de um mês a três anos e multa correspondente.
>
> 1. Se a exposição e abandono for em lugar ermo, será condenado à prisão maior temporária.
>
> 2. Se for cometido este crime pelo pai ou mãe legítimos, ou tutores, ou pessoa encarregada da guarda, ou educação do menor, será agravada a pena com o máximo de multa.
>
> 3. Se com a exposição e abandono se por em perigo a vida do menor, ou se resultou alguma lesão, ou a morte, a pena será o máximo da prisão maior temporária com trabalho.
>
> Art. 346. Aquele, que, achando exposto em qualquer lugar um recém-nascido, ou que, encontrando em lugar ermo um menor de sete anos, abandonado, o não apresentar à autoridade

---

12 De acordo com a Sessão de 18 de fevereiro de 1836, disponível on-line (http://debates.parlamento.pt/catalogo/mc/cp1/01/01/01/031/1836-02-18?sft=true#p248), da qual se destacam os artigos 1 e 8, reproduzidos a seguir: "Art. 1.º A despesa das Rodas, e criação dos Expostos será feita por Distritos Administrativos à custa de todas as Municipalidades de que cada um deles se compõe. Art. 8.º Cessará a competência que em algumas terras do Reino estava incumbida às Santas Casas de Misericórdias a respeito de Expostos, tornando-se a sua administração uniforme em toda a parte pelo modo prescrito na presente Lei, cumprindo-se fielmente as disposições do citado Alvará, que por esta não ficam derrogadas".

13 O *Código Penal Português* foi aprovado por decreto de 10 de dezembro de 1852. Lisboa: Imprensa Nacional, 1855.

> administrativa mais próxima, será condenado à prisão de um mês a três anos.
>
> Art. 347. Aquele, que, tendo a seu cargo a criação, ou educação de um menor de sete anos, o entregar a estabelecimento público, ou a outra pessoa, sem consentimento daquele que lho confiou, ou da autoridade competente, será condenado à prisão de um mês a um ano, e multa correspondente.
>
> Art. 348. Os pais legítimos, que, tendo meios de sustentar os filhos, os expuserem fraudulentamente no estabelecimento público destinado à recepção dos expostos, serão condenados à multa de um mês a um ano.

O texto do Código Penal esclarece a institucionalização da prática do abandono de crianças até os sete anos de idade. A introdução do artigo 345 estabelece que seria passível de punição o abandono realizado fora dos lugares para isso determinados. Essa restrição denota que o Código Penal coevo não considerava crime o abandono de menores de maneira geral. Comprova-se a institucionalização e até o aceite social da prática pelos três parágrafos que seguem, em que a pena máxima em caso de morte ou lesão da criança seria prisão temporária com trabalho.

A tentativa de institucionalização do abandono que esse código parece prescrever justifica-se pela situação financeira dos pais, de acordo com o que determina o artigo 348. Mesmo que realizada em local propício, a prática de entregar o filho à responsabilidade de terceiros geraria multa aos pais legítimos. Uma vez que havia a punição definida de multa de um mês a um ano aos pais que comprovadamente tivessem condições sociais de sustentar os filhos, enfatiza-se que o que caracterizava o abandono como algo fraudulento não é o ato em si, mas a posse de meios de sustentar essa criança. Dessa forma, embora a legislação tentasse limitar o abandono infantil, ela não penalizava o abandono anônimo nas rodas dos expostos, como explica

Reis (2012, p. 162): "na prática, continua a não se penalizar o ato de abandono, mas a penalizar como se abandona".

Esse padrão institucionalizado foi paulatinamente posto à prova, o que provocou polêmicas a respeito do funcionamento da roda dos expostos. Nesse contexto, seus críticos, sobretudo médicos e jornalistas, consideravam a existência da roda degradante e os cuidados com as crianças, ineficientes. Apontavam os altos índices de mortalidade infantil e os custos elevados para o orçamento público. Ademais, havia pressão popular contra as rodas.

Por outro lado, havia cidadãos defensores da estrutura social estabelecida tradicionalmente pelas rodas. Estes argumentavam, de acordo com Cubeiro (2011, p. 10), que a instituição detinha a função essencial de salvaguardar a moralidade pública e garantir a sobrevivência de muitas crianças.

Nesse impasse que excedia a questão da existência da roda, mas se situava no aspecto mais profundo da prática recorrente do abandono de crianças, uma comissão especial do governo propôs, em 1862, medidas para amenizar o problema: a substituição das rodas por abrigos de admissão vigiada (onde seria discutida a admissão ou não da criança em cada caso) e a atribuição de subsídios de lactação para progenitores sem condições econômicas para criar seus filhos.

Essa proposta culminou com o decreto de 21 de novembro de 1867, que criou uma estrutura social mais ampla de acolhimento de crianças e extinguiu formalmente as rodas dos expostos:

> Em seu lugar, instituíram-se os hospícios de admissão restrita de crianças expostas, abandonadas (com pais conhecidos) e indigentes. Os novos hospícios seriam providos com enfermarias de maternidade e as parturientes ficavam obrigadas a criar e educar seus filhos, excepto nas impossibilidades comprovadas. Instalar-se-iam creches para os filhos de gente trabalhadora,

> conceder-se-iam subsídios de lactação às mães solteiras e viúvas pobres e a pais pobres, desde que fossem viúvos ou não pudessem trabalhar. As crianças abandonadas e admitidas no hospício seriam criadas por amas externas. (CUBEIRO, 2011, p. 11)

Conforme o mesmo autor, este decreto não fez que a instituição deixasse de existir imediatamente. A extinção das rodas ocorreu de maneira gradual e processual, primeiramente, nas cidades de Aveiro, Leiria, nos concelhos rurais de Lisboa, Porto, Penafiel, Ponte de Lima e Torres Novas e, tempos depois, nas cidades de Lisboa, Coimbra, Viseu, Bragança, Évora, Beja e demais localidades em Portugal.

Cabe ressaltar que o problema do abandono ultrapassava a questão da existência das rodas. Sendo assim, a extinção das rodas não impediu que essa espécie de tradição social de abandonar crianças para serem criadas pelo Estado continuasse, conforme descreve Paulino:

> Efetivamente, o decreto estabelece uma ruptura face ao antigo modelo assistencial de acolhimento aos expostos. Porém, pode-se questionar qual o alcance desta mudança, quando o percurso das crianças continuou a ser o mesmo — os pais eram identificados, mas os abandonados continuavam (...) sendo (...) enviados para uma ama no meio rural. (PAULINO, 2014, p. 201-202)

Em 1888, o *Regulamento para o Serviço dos Expostos e Menores Desvalidos ou Abandonados*[14], seguido no Brasil e em Portugal, refere que "estão a cargo das câmaras municipais e das juntas gerais até a idade de sete anos os expostos, as crianças abandonadas e as crianças desvalidas", sendo os primeiros "as crianças nascidas de pais incógnitos que as desampararam". Por um lado, essa nova legislação amplia o escopo de crianças amparadas pelo Estado, mas, por outro lado, continua protegendo o

---

14 5 de janeiro de 1888. Colecção Oficial da Legislação Portuguesa, Ano de 1888, Imprensa Nacional, Lisboa, 1889.

abandono de crianças por pais desconhecidos. Nesse sentido, pode-se afirmar que "certo é que pelo menos até a primeira década do século XX ainda são encontrados registros e relatos sobre expostos", embora atualmente possa parecer "difícil perceber esta prática como uma ação recorrente, natural e aceitável" (LEANDRO, 2011, p. 140).

AS RODAS DOS EXPOSTOS NO BRASIL

As instituições brasileiras ofereceram abrigo e proteção aos expostos seguindo os mesmos modelos das instituições portuguesas, mesmo após a transferência da família real ao Brasil e da declaração da Independência. As cidades brasileiras, no entanto, não estabeleceram a regra de contratar funcionários para recolher as crianças abandonadas nas ruas, nas portas das igrejas e diante de domicílios. Em fins do século XVII, cada Câmara Municipal estabelecia suas próprias regras de auxílio aos enjeitados. Conforme Venâncio (1999, p. 27), "a ausência de controle permitia que os vereadores promovessem clientelas do meio urbano, contratando famílias criadeiras entre seus dependentes". Nessa época, a demanda por recursos destinados aos enjeitados era cada vez maior, impactando os cofres das Câmaras. O avultamento desses gastos com os enjeitados fez os governadores transferirem a responsabilidade para as Santas Casas, instalando as chamadas "Casas das Rodas" ou "Casa dos Expostos"[15].

A transferência da responsabilidade das Câmaras Municipais para as Santas Casas de Misericórdia seguiu uma prática já adota-

---

15   Durante os anos 1710 e 1720 foram inúmeras as consultas e negociações entre as Câmaras e as Santas Casas cariocas e soteropolitanas. Entre 1726 e 1738, graças à doação de verdadeiras fortunas por parte de benfeitores e da regularização de contribuições por parte do poder municipal, a transferência do encargo teve início. O modelo administrativo pelo qual o auxílio da Santa Casa deveria se pautar apresentava várias diferenças em relação ao proporcionado pelo poder camarário, a começar pela instalação da roda dos expostos, que implicava subordinar o abandono a uma visível ruptura dos laços familiares (VENÂNCIO, 1999, p. 28).

da em Portugal, mas necessitou de negociações e ajustes para ser implementada no Brasil. De acordo com Venâncio (1999, p. 28), as Santas Casas relutaram em estabelecer o dispendioso auxílio aos abandonados. Sendo assim, a instalação da Casa da Roda ou Casa dos Expostos acontecia quando surgiam benfeitores ou quando a Câmara acertava contratos com a Misericórdia, transferindo-lhe a administração dos expostos mediante o pagamento de soma anual.

A instalação das rodas dos expostos nas Santas Casas deu-se gradualmente durante os séculos XVIII e XIX, como podemos observar nos dados do quadro abaixo.

QUADRO 1 - DATAS DE INSTALAÇÃO DAS RODAS DOS EXPOSTOS NO BRASIL

CAPITANIA	RODA DOS EXPOSTOS POR ANO
Bahia (Salvador)	1726
Rio de Janeiro	1738
Pernambuco (Recife)	1789
Rio de Janeiro (Campos)	1796
São Paulo (São Paulo)	1825
Santa Catarina (Desterro)	1828
Maranhão (São Luís)	1829
Minas Gerais (São João Del Rei)	1832
Mato Grosso (Cuiabá)	1833
Rio Grande do Sul (Porto Alegre)	1837
Bahia (Cachoeira)	1840
Paraíba (João Pessoa)	1841
Rio Grande do Sul (Pelotas)	1849

FONTE: ADAPTADO DE FERREIRA, L. (2011, P. 38). RIO DE JANEIRO (CABO FRIO) - 1835.

De modo geral, no Brasil, as Casas da Roda serviam para acolher os expostos e enviá-los para serem amamentados por amas e criados por famílias, haja vista que essas casas de acolhimento não tinham estrutura material própria para mantê-los permanentemente[16].

Diferente da complexa estrutura administrativa das Casas da Roda na metrópole, o funcionamento efetivo delas na colônia era precário e não dispunha de mecanismos de fiscalização.

> Tal situação era motivo de preocupação entre os administradores das casas da roda coloniais, que não dispunham de recursos para criar a estrutura administrativa prevista. Talvez por isso, as modificações nas leis e nos regimentos, ocorridas em Portugal durante a segunda metade do século XVIII, tenham sido ignoradas na colônia. (VENÂNCIO, 1999, p. 29)

Na maior parte dos casos, as crianças viviam sob os cuidados das amas até os sete anos de idade. Posteriormente, eram transferidas para educandários, internatos e asilos, também de responsabilidade das Santas Casas. Nesses locais sempre havia a preocupação em alimentar, dar educação e instrução e um ofício aos expostos.

Há registros de que as crianças da roda, após aprenderem um ofício, eram encaminhadas para fazendas ou famílias para prestarem serviços. O pagamento que recebiam ficava sob a guarda da Santa Casa, para constituição do dote da criança, a ser usado ao se casar ou ao adquirir sua maioridade e independência e poder retirar a quantia acumulada. Contudo, há casos entre os chamados "filhos da roda"[17], de indivíduos que nunca saíram da tutela da Santa Casa, tendo vivido toda a vida e morrido entre os muros da instituição.

A transferência da Corte Portuguesa para o Rio de Janeiro, em 1808, criou novas demandas para as Santas Casas, em razão do

---

16 Conforme Venâncio (1999, p. 52), as Casas da Roda não eram asilos. Simplesmente acolhiam crianças e as enviavam a outras famílias, a quem se oferecia ajuda financeira como retribuição. Ressalta-se que as instituições soteropolitana e carioca funcionaram no próprio hospital da Santa Casa de Misericórdia.

17 Expressão que designa pessoa que foi acolhida pela roda dos expostos.

crescimento populacional e, consequente, do aumento do número de expostos.

Em 1815, o Príncipe Regente determinou a criação de novos impostos para fazer frente à "sustentação e criação destes inocentes", atendendo a uma solicitação do Provedor da Misericórdia do Rio de Janeiro de conceder "a mesma graça outorgada à Misericórdia de Lisboa em 1775", conforme consta na Carta Régia de dezembro de 1815, parcialmente transcrita a seguir:

> Requerendo-me o Provedor da Misericordia desta Cidade a mesma graça outorgada a de Lisboa por Carta Régia de 31 de janeiro de 1775 em benefício dos Expostos, cujo número tem consideravelmente crescido, e crescerá cada vez mais pelo aumento em que vai a população, não chegando por isso os seus tênues rendimentos para satisfazer a tão importantes despesas;
> (...)
> "querendo eu prover a tão urgente necessidade com os paternais desvelos que sempre me mereceu a criação dos inocentes Expostos; hei por bem e ordeno que em beneficio deles se cobre na Casa da Suplicação do Brasil 400 réis sobre cada uma das petições de agravo que a ela subirem, a terça parte de acrescentamento das assinaturas que se costumam vencer na Mesa de Agravos, outra terça parte mais na braçagem dos ministros Extravagantes, e outra igual parte na braçagem dos sete Juizes relatores da mesma Casa (...) para ser logo entregue no fim de cada mês, na Tesouraria da Casa da Misericórdia a administração do sobredito Hospital dos Expostos, afim de aplicar a sustenção e criação destes inocentes. (Carta Régia, 14 de dezembro de 1815.)

Após a Independência, no período imperial, os expostos maiores de sete anos encontraram ofício, não apenas em instituições administradas pela Igreja, mas também em organizações patrocinadas pelo Estado. Conforme Ferreira (2011, p. 14), "novas instituições surgiram para abrigar, educar e ensinar algum tipo de ofício às crianças carentes maiores de sete anos de idade." Tais instituições foram as seguintes, de acordo com o mesmo autor: os Colégios Pios, as Escolas de Aprendiz de Arsenal de Guerra e de Marinheiros, o Recolhimento e os Asilos para Órfãs e Colônias Agrícolas e Industriais.

Em Portugal, com o passar do tempo, as rodas dos expostos foram se tornando mecanismos discutíveis do ponto de vista social e moral, principalmente, pelo número cada vez maior de expostos recebidos, o que sugeria um estímulo à irresponsabilidade das famílias para com seus filhos, causando polêmicas na imprensa e nos meios mais cultivados (CUBEIRO, 2011, p. 10-11).

Contudo, o fechamento das rodas dos expostos no Brasil ocorreu muito mais tardiamente do que na metrópole, tendo já adentrado o período republicano. Não houve, no período, qualquer planejamento ou política de compensações, como subsídios de lactação ou auxílio às famílias, como se deu em Portugal:

> Diferentemente de Portugal ou de outros reinos europeus, o fechamento da roda não foi acompanhado por políticas assistenciais de socorro às lactantes, auxílio a famílias pobres ou instalação de creches populares. Tal evolução, na primeira república brasileira, abriu caminho para a progressiva dependência da assistência à infância em relação à filantropia privada (VENÂNCIO, 2008, p. 15).

Nesse sentido, diversas instâncias sociais podem ser citadas como relacionadas ao abandono de crianças. Conforme a monarquia chegava ao fim, aumentava a pressão abolicionista. No Segundo Reinado, em 1871, a Lei do Ventre Livre tornava livres os filhos dos escravos, sem estabelecer políticas sociais para as crianças nascidas nesta condição.

Com o advento da República, em 1889, o contexto social e político do abandono de menores alterou-se substancialmente. O fim do regime escravista, o aumento da população urbana pobre e a separação Igreja-Estado aumentaram o número de crianças em situação de miséria. Com isso, o modelo de acolhimento dos enjeitados passou por uma profunda transformação. A questão da infância desvalida distanciou-se da caridade cristã e se aproximou da área jurídica e da medicina (PUBLIO, 2011, p. 38).

Assim em 1891, durante a Primeira República, um decreto regularizou o trabalho infantil nas fábricas do Rio de Janeiro, estabelecendo a idade mínima de doze anos para admissão de menores. A seguir, em 1916, o Código Civil estabeleceu que o sustento, a guarda e a educação dos filhos seriam deveres de ambos os cônjuges. Até então não havia legislação específica pertinente à situação das crianças no país que tratasse de seus direitos, conforme Silva (2016). Então, em 1927, foi publicado o Decreto 17.943-A, chamado de "Código de Menores de Mello Matos", o qual regulou a situação legal de menores no Brasil. Desse código destaca-se o capítulo III, e que trata especificamente da questão dos expostos, que transcrevemos abaixo.

DOS INFANTES EXPOSTOS

Art. 14. São considerados expostos os infantes até sete anos de idade, encontrados em estado de abandono, onde quer que seja.

Art. 15. A admissão dos expostos à assistência se fará por consignação direta, excluído o sistema das rodas.

Art. 16. As instituições destinadas a recolher e criar expostos terão um registro secreto, organizado de modo a respeitar e garantir o incógnito, em que se apresentem e desejem manter os portadores de crianças a serem asiladas.

Art. 17. Os recolhimentos de expostos, salvo nos casos previstos pelo artigo seguinte, não podem receber criança sem a exibição do registro civil de nascimento e a declaração de todas as circunstâncias que poderão servir para identificá-la; e deverão fazer a descrição dos sinais particulares e dos objetos encontrados no infante ou junto deste.

Art. 18. Se é a mãe que apresenta o infante, ela não é adstrita a se dar a conhecer, nem a assinar o processo de entrega. Se, porém, ela espontaneamente fizer declaração do seu estado civil, que qualquer outra que esclareça a situação da criança, tais declarações serão recebidas e registradas pelo funcionário do recolhimento.

§ 1º Ela poderá também fazer declarações perante um notário da sua confiança, em ato separado, que é proibido comunicar ou publicar sob qualquer forma, salvo autorização escrita da autoridade competente; e entregar ao respectivo funcionário do recolhimento esse documento encerrado e lacrado, para ser aberto na época e nas circunstâncias que ela determinar, e que ficarão constando do registro da criança.

§ 2º Se é uma outra pessoa que apresenta o infante, o funcionário do recolhimento procurará mostrar-lhe os inconvenientes do abandono sem, todavia, fazer pressão sob pena de demissão. Se o portador da criança insistir em deixá-la, o funcionário pedirá o registro civil de nascimento, ou informações do cartório e da data em que foi feito o registro. Se o portador declarar que não pode, ou não quer, fornecer indicação alguma, essa recusa ficará registrada, mas a criança será recolhida.

Art. 19. A violação do segredo de tais atos é punida com multa de 50$ a 500$, além das penas do art. 192 do Código Penal.

Art. 20. Se o infante for abandonado no recolhimento, em vez de ser aí devidamente apresentado, o funcionário respectivo o levará a registro no competente ofício, preenchendo as exigências legais, sob as penas do art. 388 do Código Penal.

Art. 21. Quem encontrar infante exposto deve apresentá-lo, ou dar aviso do seu achado, à autoridade policial no Distrito Federal ou, nos Estados, à autoridade pública mais próxima do local onde estiver o infante.

Art. 22. A autoridade, a quem for apresentado um infante exposto, deve mandar inscrevê-lo no registro civil de nascimento dentro do prazo e segundo as formalidades regulamentares, declarando-se no registro o dia, mês e ano, o lugar em que foi exposto, e a idade aparente; sob as penas do art. 388 do Código Penal, e os mais de direito.

§ 1º O envoltório, roupas e quaisquer outros objetos e sinais que trouxer a criança, e que possam a todo tempo fazê-la reconhecer, serão numerados, alistados e fechados em caixa lacrada e selada, com o seguinte rótulo: "pertencente ao exposto tal........ assento de fl..... do livro.........."; e remetidos com uma duplicata ao juiz de menores, onde o houver, ou ao juiz de órfãos, para serem recolhidos a lugar de segurança.

§ 2º Recebida a duplicata com o competente conhecimento do depósito, que será arquivada, far-se-ão à margem do assentamento as notas convenientes.

Art. 23. Os expostos que não forem recolhidos a estabelecimentos a esse fim destinados, ficarão sob a tutela das pessoas que voluntaria ou gratuitamente se encarreguem da sua criação, ou terão tutores nomeados pelo juiz.

Art. 24. Quem tiver em consignação um infante não pode confiá-lo a outrem, sem autorização da autoridade pública ou do quem de direito; salvo se não for legalmente obrigado, ou não se tiver obrigado, a prover gratuitamente a sua manutenção.

Art. 25. Incorrerá em pena de prisão celular por um a seis meses e multa de 20$ a 200$000:

I, quem entregar a qualquer pessoa ou a estabelecimento público ou particular, sem o consentimento da autoridade ou da pessoa de quem houver recebido, menor abaixo da idade de sete anos.

II, quem, encontrando recém-nascido ou menor de sete anos abandonado, não o apresentar ou não der aviso do seu achado, à autoridade pública.

(Decreto 17.943-A, Capítulo III; Código de Menores de Mello Matos, 1927.)

Destaca-se o fato de o Código de Mello Matos ter ampliado os poderes dos Juízes e dos Comissários em relação às crianças, caracterizando-as como "menores".

> Como resultado das negociações para erradicar o Sistema da Roda e a Casa dos Expostos, garantiu-se também o segredo de justiça, reservando-se às entidades de acolhimento de menores e aos cartórios de registro de pessoas naturais o sigilo em relação aos genitores que quisessem abandonar os seus filhos, garantindo-se em particular o sigilo da mãe quanto ao seu estado civil e as condições em que foi gerada a criança. (SILVA, 2001, p. 5)

Apesar da vigência do Código de Menores e das denúncias de procedimentos inadequados referentes ao tratamento dado aos expostos, a extinção das rodas não foi imediata. Grande parte da sociedade da época era contra a extinção das rodas, pois estas eram vistas como a única forma possível de esperança de vida aos bebês que tinham como destino o sofrimento e/ou a morte, preservando assim os costumes, a dignidade das famílias que abandonavam e a ordem social, de acordo com Públio (2011, p. 41).

Em 1940, período do Estado Novo, o abandono de menores de idade passou a ser considerado crime no Brasil. O Decreto-lei n.-2.848/40, que criou o Código Penal, afirma em seus artigos 134 e 243:

> Exposição ou abandono de recém-nascido
> Art. 134. Expor ou abandonar recém-nascido, para ocultar desonra própria:
> Pena - detenção, de seis meses a dois anos.
> § 1º Se do fato resulta lesão corporal de natureza grave:
> Pena - detenção, de um a três anos.
> § 2º Se resulta a morte:
> Pena - detenção, de dois a seis anos.

(...)

Sonegação de estado de filiação

Art. 243. Deixar em asilo de expostos ou outra instituição de assistência filho próprio ou alheio, ocultando-lhe a filiação ou atribuindo-lhe outra, com o fim de prejudicar direito inerente ao estado civil:

Pena — reclusão, de um a cinco anos, e multa de um conto a oito contos de réis.

Decreto-Lei n. 2.848/40, o Código Penal, 1940.

As crianças, no entanto, continuaram a ser deixadas em instituições administradas pelas Santas Casas, como podemos testemunhar pelo Livro de Registros[18] da Santa Casa de Misericórdia da Bahia, no trecho transcrito a seguir. A carta[19] está apensa ao registro de entrada da criança, datado de dezembro de 1958[20].

---

18   Transcrição do Livro de Registros: "1958| Dezembro| Pelas 11h30 da manhã foi regis-|trado no Escritório de Admissão do| Internato de Nossa Senhora da Misericórdia, uma| criança do sexo masculino de cor branca,| aparentando 1 ano de idade. Caí aban-|donado no Gabinete Médico da Liga| Contra Mortalidade Infantil. E| uma criança paralítica e anormal.| Trouxe os seguintes objetos.|1 Vestidinho branco|1 Fralda| Declaração|Nome da criança — Jorge Gomes de Jesus|Nome da genitora — Nilce Gomes de Jesus|Lugar do nascimento — Maternidade|Nita Costa|Data do nascimento — 20 de julho de|1957.|Já está batizado|[[f. 2]] Jorge Gomes de Jesus| Observações| Jorge Gomes| De Jesus| faleceu no dia 1º| de março de 1962|às 4 horas e 30 mi-|nutos.

19   Transcrição da carta: Querida irmãs de caridade| apelo para esta criança vocês tomarem| conta, porque eu me acho em condições| de não poder, criar, pois sou uma mulher| pobre, vivo de emprego de cozinha em| casas de famílias, ultimamente não tenho| encontrado mais emprego, quando digo que| tenho um filho. Logo me dizem que fosse| para mim só eu lhe arranjava, mas com| filho não. Eu que não tenho coração de| matar meu filho; Apelo para uma casa| de Caridade que eu possa trabalha| sabendo que meu filho está vivo; todo| o tempo que Deus me ajudar, que eu possa| tê-lo comigo, eu irei buscá-lo não| dê meu filho a ninguém, eu tenho fé| em Deus, que um dia, eu hei de ter ele| comigo, eu faço isto de me desapar-|tar do meu filho. Já é batizado o nome| dele é Jorge Gomes de Jesus nascido em 20| de julho de 1957. Os médicos dizem que ele é| doente retardado, ele só dorme de bruços| senão não dorme. mais uma vez eu peço| não dê meu filho a ninguém, que mais tarde| Deus me ajudando eu vou procurar| [linha recortada]

20   Mais uma vez alertamos que essa criança não deu entrada na instituição por meio da roda, caso contrário a carta reproduzida acima faria parte de nosso *corpus*. Reforçamos ainda que todos os escritos que nos foram fornecidos no arquivo da roda de Salvador – e informados como os únicos existentes – fazem parte do *corpus*.

Figura 7 — Registro de entrada do exposto Jorge Gomes de Jesus, com identificação da mãe, acompanhado de escrito, 1958.

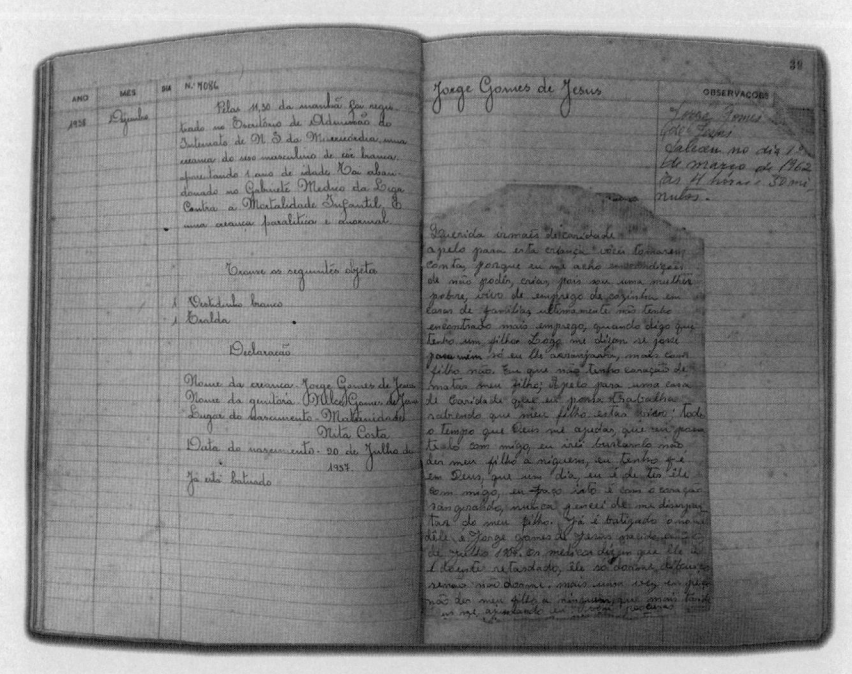

O exposto citado no documento acima reproduzido tinha paralisia e era "anormal". Faleceu quatro anos após sua chegada, sem que sua progenitora conseguisse buscá-lo, como era seu desejo.

Um novo Código de Menores passou a ser elaborado e finalmente entrou em vigor em 1979. A transição entre os dois Códigos efetuou-se com a criação da Fundação Nacional do Bem-Estar do Menor (Funabem), em 1964. A organização, concebida com autonomia financeira e administrativa, destinava-se a atender ao mesmo tempo menores carentes, abandonados e infratores, prevendo sua internação em estabelecimentos apropriados.

Com base nesta entidade, formulou-se uma Política Nacional do Bem-Estar do Menor, inspirada no que passou a reger todas as entidades estaduais e municipais de atendimento à criança e ao adolescente.

O novo Código passou a unificar a terminologia utilizada anteriormente, designando os menores como "crianças em situação irregular":

> [O juiz de menores do Rio de Janeiro] Alyrio Cavallieri foi quem propôs e fez aprovar no Código de Menores de 79 a substituição das diferentes terminologias pelas quais se designava a criança: exposto, abandonado, delinquente, transviado, infrator, vadio, libertino, etc., reunindo-os todos sob a mesma condição de "situação irregular". (SILVA, 2001, p. 5)

A redemocratização do país e o reordenamento jurídico que resultou na Constituição de 1988 culminaram na criação do *Estatuto da Criança e do Adolescente* (ECA), em 1990. Conforme a lei,

> Criança, até 12 anos, e adolescente, até 18, são então definidos como "pessoa em fase de desenvolvimento"; eliminou-se a rotulação de "menor", "infrator", "carente", abandonado", etc., classificando-os todos como crianças e adolescentes em situação de risco. (SILVA, 2001, p. 6)

A seguir, apresentamos um quadro-resumo da legislação brasileira relativa ao registro civil e proteção de crianças e adolescentes em situação de risco. Antes das leis listadas a seguir, a sociedade brasileira era regida pelas Ordenações do Reino de Portugal.

Quadro 2 – Legislação brasileira relativa à proteção de menores

\multicolumn{3}{c}{Legislação brasileira relativa ao registro civil e à proteção de menores}	
Ano	Legislação	Artigo e Descrição	Contextualização/ Comentários
1852	Decreto 798	Art. 6º O registro do nascimento será feito à vista da participação da pessoa que por este Regulamento é obrigada a fazê-la, e no prazo de dez dias depois de dado à luz o recém-nascido. Art. 7º São obrigados a fazer a participação do nascimento: 1º O pai, sendo filho legítimo o recém-nascido; e na sua falta, a mãe ou pessoa por eles autorizada. 2º A mãe do recém-nascido, sendo ele filho ilegítimo, ou o pai que o reconhecer, ou pessoa por eles autorizada. 3º Os funcionários das casas de Caridade ou Hospícios, que tiverem essa incumbência, se for exposto o recém-nascido; ou a pessoa, em cuja casa for deixado, ou que o tiver achado em abandono, ou que for para isso autorizada. 4º O Sr. do recém-nascido escravo, ou o administrador de casa, fazenda, ou qualquer estabelecimento rural, ou pessoa por eles autorizada. Art. 8º O Escrivão lavrará no livro competente um termo, em que declare o dia, mês e ano, e lugar em que é escrito. 1º Se o recém-nascido for algum exposto, far-se-á declaração da idade provável, do sexo, do nome que tiver, ou que se houver de lhe dar, dos sinais que trouxer, e de quaisquer circunstâncias de tempo e lugar que possam concorrer para ser conhecido. Art. 32. O registro dos nascimentos e óbitos de que trata o presente Regulamento começará impreterivelmente no 1º de janeiro de 1852. Art. 33. **Pelas disposições deste Regulamento não se entenderá que ficam suprimidos os registros Eclesiásticos, que costumam fazer os párocos, os quais continuarão, como até agora, para a prova dos batismos e casamentos.**	Manda executar o Regulamento do registro dos nascimentos e óbitos.

Ano	Legislação	Artigo e Descrição	Contextualização/ Comentários
1871	Lei n. 2.040	Lei do Ventre Livre	A princesa Isabel assina a Lei do Ventre Livre, que considerava livres da escravidão os filhos de escravas nascidos a partir de então.
1874	Decreto 5604	CAPÍTULO I Do registro dos nascimentos Art. 48. Todo recém-nascido, filho de nacional ou estrangeiro, deverá ser apresentado, dentro dos 30 primeiros dias depois do nascimento, ao Escrivão de Paz do distrito em que residir sua família, a fim de fazer o registro competente. Se o Escrivão residir a mais de uma légua de distância do lugar em que for dado à luz o recém-nascido, a apresentação será feita ao Inspector do quarteirão do lugar, obrigado este a ir à casa do recém-nascido, quando for chamado, com a sua declaração fará o Escrivão o registro. O prazo aqui marcado poderá ser prorrogado até três meses pelo Juiz de Paz. **Art. 53. Sendo exposto, declarar-se-á o dia, mês e ano, e o lugar em que foi exposto; a hora em que foi encontrado, a sua idade aparente e o envoltório, roupas e quaisquer outros objetos e sinais que tiver, e que possam a todo tempo fazê-lo reconhecer.**	Manda observar o Regulamento desta data para execução do art. 2° da Lei n° 1.829 de 9 de setembro de 1870, na parte em que estabelece o registro civil dos nascimentos, casamentos e óbitos. Hei por bem mandar que, para execução do art. 2° da Lei n° 1.829 de 9 de setembro de 1870, na parte em que estabelece o registro civil dos nascimentos, casamentos e óbitos, se observe o Regulamento que com este baixa, assinado pelo Dr. João Alfredo Correa de Oliveira, do Meu Conselho, Ministro e Secretário de Estado dos Negócios do Império, que assim o tenha entendido e faça executar.
1888	Decreto 9886	Manda observar o novo Regulamento para a execução do art. 2º da Lei n. 1.829 de 9 de setembro de 1870 na parte que estabelece o Registro civil dos nascimentos, casamentos e óbitos, de acordo com a autorização do art. 2º do Decreto n. 3.316 de 11 de junho do 1887. **Art. 60. Tratando-se de exposto, far-se-á a registro de acordo com as declarações que a Santa Casa da Misericórdia, nos lugares onde existirem estabelecimentos para esse fim, comunicarem ao oficial competente, nos prazos mencionados no art. 54 e sob as penas do art. 50.** Art. 50. Toda pessoa, nacional ou estrangeira, que, tendo obrigação de dar a registro algum nascimento, casamento ou óbito, não fizer as declarações competentes dentro dos prazos marcados neste Regulamento, incorrerá na multa de 5$000 a 20$000, elevada ao duplo no caso de reincidência.	Inclui detalhes e penalidades.

Ano	Legislação	Artigo e Descrição	Contextualização/ Comentários
1891	Decreto 1.313	Estabelece providências para regularizar o trabalho dos menores empregados nas fábricas da Capital Federal.	Determina que o trabalho seja permitido a partir dos 12 anos de idade.
1916	Código Civil Lei n. 3.071/76	231 — IV. São deveres de ambos os cônjuges: Sustento, guarda e educação dos filhos.	Revogado pela Lei n. 10.406/2002
1927	Código de Menores: 1927 (Código Mello Mattos)	III. Dos infantes expostos	Estatuto legal para os menores de 18 anos de idade. O Código de Menores proibia o sistema de rodas das Santas Casas, bem como previa a proteção e guarda dos menores em instituições de amparo.
1940	Código Penal	133. Abandonar pessoa que está sob seu cuidado, guarda, vigilância ou autoridade e, por qualquer motivo, incapaz de defender-se dos riscos resultantes do abandono. 136. Expor a perigo a vida ou a saúde de pessoa sob sua autoridade, guarda ou vigilância, para fim de educação, ensino, tratamento ou custódia, quer privando-a de alimentação ou cuidados indispensáveis, quer sujeitando-a ao trabalho excessivo ou inadequado, quer abusando de meios de correção ou disciplina. 242. Dar parto alheio como próprio; ocultar recém-nascido ou substituí-lo, suprimindo ou alterando direito inerente ao estado civil: Pena - reclusão, de dois a seis anos. **Art. 243. Deixar em asilo de expostos ou outra instituição de assistência filho próprio ou alheio, ocultando-lhe a filiação ou atribuindo-lhe outra, com o fim de prejudicar direito inerente ao estado civil.** Art. 244. Deixar, sem justa causa, de prover à subsistência do cônjuge, ou de filho menor de dezoito anos ou inapto para o trabalho, ou de ascendente inválido ou valetudinário, não lhes proporcionando os recursos necessários ou faltando ao pagamento da pensão alimentícia judicialmente fixada; deixar, sem justa causa, de socorrer descendente ou ascendente, gravemente enfermo.	Decreto-lei n. 2.848 de 7 de dezembro de 1940.

Ano	Legislação	Artigo e Descrição	Contextualização/ Comentários
1964	Lei n. 4.513	Criação da Fundação Nacional do Bem-Estar do Menor, que tinha como dever a formulação e implantação da Política Nacional do Bem-Estar do Menor e assistência à infância, na internação de abandonados, carentes e infratores.	Revogado pela Lei n. 8.069 de 1990.
1979	Lei n. 6.697 - Código de Menores	O Código de Menores de 1979 substitui o Código de Menores de 1927. O novo código ampliou o alcance da proteção aos menores e com a participação da autoridade judiciária.	Revogado pela Lei n. 8.069 de 1990.
1988	Constituição Federal	Lei maior da República Federativa do Brasil.	A Constituição da República previu no artigo 227 a proteção dos menores, futura base para o Estatuto da Criança e do Adolescente.
1990	Lei n. 8.069 -. Estatuto da Criança e do Adolescente (ECA)	Lei federal que versa sobre os direitos das crianças e dos adolescentes em todo o Brasil.	O ECA determina direitos à vida, à saúde, à alimentação, à educação, ao lazer, à profissionalização, à cultura, à dignidade, ao respeito, à liberdade, à convivência familiar e comunitária para meninos e meninas, e contempla questões de políticas de atendimento, medidas protetivas ou medidas socioeducativas, entre outras providências. Trata-se de direitos diretamente relacionados à Constituição da República de 1988.

Feitas essas considerações institucionais, jurídicas e históricas para contextualizar as rodas dos expostos e a sua produção dos escritos, procederemos à descrição da origem dos documentos que compõem o *corpus* deste trabalho.

CAPÍTULO II

ORIGEM, DESCRIÇÃO E TRANSCRIÇÃO DOS ESCRITOS DA RODA

Neste capítulo, apresentamos o *corpus* de nosso estudo, que é constituído de escritos provenientes de quatro rodas dos expostos. Iniciamos nossas pesquisas em São Paulo; entretanto, considerando que poucos testemunhos foram encontrados, ampliamos para as capitais coloniais Salvador e Rio de Janeiro e à capital do reino, Lisboa, com a hipótese de encontrar mais material e constituir um *corpus* mínimo significativo para análise. Em Salvador, pouquíssimo material foi encontrado, apenas seis escritos. No Rio de Janeiro, houve um número maior de escritos; por fim, em Lisboa um arquivo com milhares de escritos estava disponível à pesquisa.

Identificamos a origem dos escritos, descrevendo os arquivos que preservam seus originais e indicando se são abertos ao público; se são arquivos que estão em museus públicos ou privados; e que instituição os mantém. Em nossa caracterização dos documentos, destacamos ainda onde estão depositados, como é a estrutura física do espaço depositário e a infraestrutura do espaço onde ficam, como estão armazenados, quais as condições de conservação com relação à temperatura e à iluminação. Quanto à catalogação dos documentos, indicamos como estão separados dos demais, sua organização e se estão microfilmados ou digitalizados. A seguir, fazemos algumas considerações sobre a constituição do *corpus* e explicamos quais são as condições de pesquisa nas instituições em que os documentos foram descobertos. Apresentamos, por fim, um quadro com o sumário do *corpus*, indicando a data e local de produção dos escritos.

ARQUIVOS DE GUARDA DOS DOCUMENTOS DAS RODAS DE LISBOA, SALVADOR, RIO DE JANEIRO E SÃO PAULO

Arquivo de guarda dos documentos da Roda de Lisboa

Os documentos da Roda de Lisboa estão preservados no *Arquivo da Santa Casa de Misericórdia de Lisboa* e no *Arquivo da Torre do Tombo*, na mesma cidade. Somados aos sinais que acompanhavam os expostos, constituem um acervo de mais de 86 mil itens disponibilizados à consulta pública, conforme Manoel e Antão (2010, p. 182). Encontram-se em bom estado de conservação, pois são mantidos em ambiente adequado, com controle de umidade e luz. O acesso direto às salas que contêm o acervo não é permitido.

Embora grande parte do espólio da Misericórdia tenha sido destruída com o incêndio que se seguiu ao terremoto de Lisboa, em 1755, os Arquivos da Santa Casa de Lisboa e da Torre do Tombo foram os que mais preservaram documentos relativos às rodas dos expostos, tanto em quantidade como em variedade, de acordo com Manoel e Colen (2006, p. 3-5).

Além de realizar a pesquisa diretamente com os escritos da roda, consultamos e fotografamos diversos documentos e objetos relacionados à roda dos expostos, para compreender e contextualizar os escritos, como os livros de registros, as certidões de batismo e os sinais.

O arquivo histórico conta com as seguintes seções especializadas: a) livros de entrada e batismo dos expostos; b) livros de entrada de expostos pretos e pardos; c) sinais dos expostos; d) papeletas de matrícula; e) registros de entrega a amas de leite; f) entrega de crianças a amas de criação; g) criação de crianças negras e pardas; h) cartas de encaminhamento entre instituições; i) entregas a fidalgas; j) entregas de expostos dados a ofício; k) entrega de expostas maiores dadas a servir; l) termos de entrega aos pais; m) registros de emancipações dos expostos, entre outras.

A pesquisa dos escritos da Roda de Lisboa foi realizada presencialmente em dois meses. As caixas estão organizadas em ordem cronológica e foram consultadas com os cuidados necessários e a supervisão de funcionários do arquivo. Investigamos centenas de escritos e sinais da roda, sendo o mais antigo datado de 1790 e o mais recente de 1926. Embora tenhamos tido acesso a uma grande quantidade de documentos, muitos deles apresentam textos muito similares, reduzidos a algumas poucas palavras[21], ou são ilegíveis ora por deterioração do suporte, ora por apresentarem borrões ou apagamento da tinta. A partir desse valioso acervo, compusemos parte do *corpus* desta pesquisa, como será visto adiante.

---

21 Os escritos mais breves apresentam apenas uma ou duas das informações a seguir e muito raramente chegam a conter três delas: data de nascimento da criança, nome, informação sobre batismo. Muitos escritos com essas características foram encontrados, mas, por tratar-se de anotações e por apresentarem pequeno grau de habilidade de punho, optamos por não incluí-los no *corpus*.

Arquivo de guarda dos documentos da Roda de Salvador

Os escritos da Roda de Salvador estão preservados no *Centro de Memória Jorge Calmon*, que é o arquivo histórico da *Santa Casa de Misericórdia da Bahia*. Esse Centro de Memória está aberto ao público e conta com profissionais das áreas de Biblioteconomia, História e Arquivística, além de estagiários, todos capacitados para descrever os principais documentos do Arquivo e apresentar breve contextualização histórica do material, de modo a prestarem um bom atendimento aos pesquisadores.

O acesso direto às salas que contêm o acervo não é permitido. Estas salas têm controle de temperatura e o acervo documental recebe periodicamente tratamento de proteção aos papirófagos e fungos. A documentação histórica está bem organizada e encontra-se, em sua maior parte, bem conservada. A consulta ao material é supervisionada.

Os livros de registro estão envoltos em papel livre de ácido e amarrados delicadamente com fitilhos próprios. Os documentos avulsos são protegidos por capilhas e acondicionados em caixas de arquivo tratadas quimicamente para maior proteção dos documentos. Os Livros de Registros da Roda também estão digitalizados em arquivos PDF.

A pesquisa para localizar os escritos da roda foi realizada durante diversas visitas ao Centro de Memórias Jorge Calmon e teve um percurso característico. Os documentos relacionados à roda dos expostos estão divididos em três seções: a) Livros de Registros e de Batismo dos Expostos; b) Livros de Pagamentos das Rodas dos Expostos e c) Documentos Avulsos.

Os profissionais do Centro de Memória Jorge Calmon conseguiram localizar seis originais de escritos da roda, que fotografamos e incluímos em nosso *corpus*. Entre esses, a carta datada de 1958 acompanhada do registro de entrada do exposto Jorge Gomes de Jesus, com identificação da mãe, conforme alertarmos antes, a criança não deu entrada na instituição por meio da roda, por isso, a carta reproduzida não faz parte de nosso *corpus*. Reforçamos ainda que todos os escritos de Salvador que nos foram fornecidos no arquivo da Roda de Salvador — e informados como os únicos existentes — como escritos da roda fazem parte do *corpus*.

A seguir, temos a imagem de um dos mais antigos livros de registro de expostos da Roda de Salvador.

FIGURA 8 — LIVRO DE REGISTRO DOS ENJEITADOS, ABERTO — SANTA CASA DE MISERICÓRDIA DA BAHIA — 1757-1763

Arquivo de guarda dos documentos da Roda do Rio de Janeiro

Os escritos do Rio de Janeiro estão depositados em um pequeno museu dedicado à roda dos expostos. Ele está abrigado em uma edificação onde anteriormente ficava instalada a roda, no complexo do Educandário Romão de Mattos Duarte, localizado na Rua Paulo VI, n. 60, no bairro do Flamengo.

O museu não é aberto ao público nem conta com manutenção regular. O edifício abriga diversos objetos históricos como berços e estantes compondo o mobiliário, obras de arte, brinquedos, peças de vestuários, banheiras e documentos, como fotografias e um conjunto de mais de cem volumes encadernados referentes aos expostos. Todo esse acervo está armazendado em estantes, ou sobre mesas e outras peças do mobiliário. Apenas alguns objetos trazem identificação. Duas rodas também fazem parte do acervo, sendo uma delas réplica[22] e outra original.

Na parede junto a porta de entrada do museu está dependurado um sino original do período de funcionamento da roda. O conjunto de volumes com os escritos consiste em livros encadernados em capa dura azul, identificados com letras douradas na lombada e na capa, divididos por períodos de cinco em cinco anos. Cada um desses volumes reúne um ou mais Livros de Matrículas dos Expostos — cuja(s) capa(s) foi(ram) removida(s) —, certidões de nascimento, de batismo e de óbito, prontuários médicos, além de um número variável de escritos. Alguns volumes contêm centenas de escritos da roda, enquanto outros, nenhum. O fato sugere a falta de sistematização na organização das encadernações dos volumes.

---

22 Utilizada na telenovela *Terra Nostra*, rot. Benedito Ruy Barbosa, dir. Jayme Monjardim, 1999-2000, Rede Globo de Televisão.

A forma pela qual esses volumes foram encadernados, por meio de costuras no papel e cola na lombada, prejudicou a leitura dos escritos e danificou muitos deles, especialmente, os menores. Os documentos não estão catalogados, microfilmados nem digitalizados, portanto, foi-nos permitido fotografá-los. Os Livros de Matrículas dos Expostos, bem como os outros documentos e os escritos, em sua maioria, estão em razoável estado de conservação, embora o museu não possua controle de umidade e luz.

Conseguimos acesso aos escritos da roda por solicitação, com justificativa, à direção do Educandário Romão de Mattos Duarte, depois de algumas tentativas de contato. O museu não possui infraestrutura para pesquisa e sua iluminação é precária. A pesquisa foi realizada durante duas semanas, com visitas diárias. Tivemos acesso direto a todos os documentos existentes no local, com um funcionário designado para nos acompanhar durante todo o tempo de consulta ao material. Inicialmente, pretendíamos coletar uma amostra de escritos pertencente a cada meio século. Apesar da grande quantidade de escritos que pudemos pesquisar, muitos deles estavam prejudicados pela forma de encadernação e não puderam, portanto, ser lidos e fotografados em sua integralidade para fins de análise filológica.

Coletamos cerca de sessenta escritos, dos quais selecionamos 25 para nosso *corpus*. Excluímos os que eram muito semelhantes quanto aos elementos extrínsecos e intrínsecos e os constituídos por poucas palavras. O mais antigo data de 1858 e o mais recente, de 1955.

Arquivo de guarda dos documentos da Roda de São Paulo

Os escritos da roda dos expostos de São Paulo estão armazenados no *Museu da Santa Casa de São Paulo*, localizado no *Hospital Central da Santa Casa de Misericórdia*, na rua Doutor Cesário Mota Júnior.

O museu é aberto ao público e abriga peças referentes à história da Santa Casa de Misericórdia: mobiliário, indumentária, objetos religiosos e cerimoniais, fotografias, esculturas, pinturas, além de periódicos e outros documentos, incluindo documentos da roda dos expostos e um exemplar da própria roda.

Os escritos estão soltos, entre as páginas dos Livros de Matrícula dos Expostos, organizados em ordem cronológica. A maior parte deles está disposta em uma pequena estante localizada abaixo do mecanismo da roda dos expostos. Alguns livros estão abertos em vitrines e exibem a matrícula do exposto com o escrito correspondente. Os livros e os escritos estão em bom estado de conservação. Os livros estão encadernados em capa dura, identificados com letras douradas.

Os documentos não estão catalogados, microfilmados nem digitalizados. Foi-nos autorizada a pesquisa no acervo, mediante solicitação verbal e escrita à Coordenação do Museu. Além disso, permitiram-nos fotografar os escritos e os livros de matrícula. A pesquisa foi realizada durante várias visitas ao museu. Não tivemos acesso direto ao acervo, mas somente a escritos avulsos e a livros de matrícula com as páginas abertas, já acompanhados dos respectivos escritos, sob estrita supervisão da responsável pelo museu.

Um total de nove escritos[23] foi coletado, todos apresentados no *corpus* deste trabalho, exceto o documento reproduzido a seguir, redigido parcialmente em língua italiana. O escrito informa que a criança nasceu no Domingo de Ramos, a 28 de março de 1915, e se chama Adalgisa.

---

23 A existência de tão poucos documentos deve-se ao fato de muitos escritos terem se perdido durante as sucessivas mudanças dos arquivos do museu, conforme a hipótese levantada pela funcionária responsável pelo acervo.

Figura 9 — Página de matrícula de exposta acompanhada de escrito redigido em língua italiana e sinais, Santa Casa de Misericórdia de São Paulo, 1915.

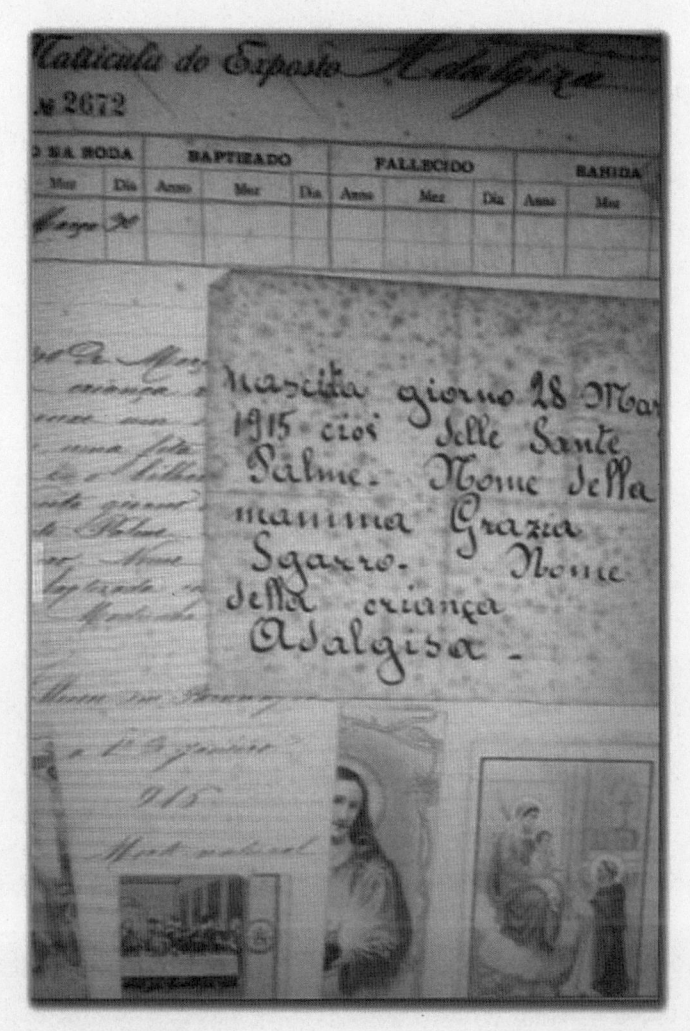

Nascita giorno 28 Mar
1915 cioi delle Sante
Palme. Nome della
mamma Grazia
Sgarro. Nome
della criança
Adalgisa.

REPRODUÇÃO FAC-SIMILAR E TRANSCRIÇÃO DE ESCRITOS DAS RODAS

O *corpus* de nosso trabalho é composto por uma seleção de sessenta escritos da rodas dos expostos, recolhidos, como já referido, em cinco instituições: duas em Portugal — no Arquivo da Santa Casa de Misericórdia de Lisboa e no Arquivo da Torre do Tombo — e três no Brasil, nas Santas Casas de Salvador, Rio de Janeiro e São Paulo. Os escritos das rodas são constituídos por textos originais e, em sua maioria, monotestemunhais, salvo os casos em que o autor do documento produzia duas cópias do mesmo manuscrito e retinha um delas como documento comprovante da intenção de recuperar a criança posteriormente.

O *corpus* aqui apresentado é composto por transcrições dos escritos originais, que estão organizados por uma dupla ordem cronológica: 1) de procedência, relativa à data de fundação da instituição onde foram localizados, da mais antiga para a mais recente e, dentro delas, 2) de datação do documento, do mais antigo para o mais recente. Os documentos estudados envolvem um amplo período histórico, sendo o primeiro datado de 1790, e o mais recente, de 1969. Do total de sessenta escritos, vinte foram coletados no *Arquivo Histórico da Santa Casa de Misericórida de Lisboa*; seis foram descobertos no *Centro de Memória Jorge Calmon*, da *Santa Casa de Misericórdia da Bahia*; 25 foram colhidos no *Educandário Romão Duarte*, da *Santa Casa de Misericórdia do Rio de Janeiro* e nove foram coletados no *Museu da Santa Casa de Misericórdia de São Paulo*. A seguir, os dados da tabela sistematizam o *corpus* quanto ao local de depósito[24]:

---

[24] Como explicamos anteriormente, só foi possível coletar seis escritos do arquivo da roda de Salvador e nove de São Paulo. Optamos por consituir um corpus mínimo de 60 escritos, por esta razão, selecionamos 20 escritos da roda de Lisboa e 25 escritos da roda do Rio de Janeiro, com o objetivo de equilibrar nosso *corpus*.

Quadro 3 — Local e instituição de origem dos escritos do *Corpus*

Local	Instituição	Quantidade de escritos
Lisboa	Arquivo Histórico da Santa Casa de Misericórdia Lisboa	20
Salvador	Centro de Memória Jorge Calmon da Santa Casa de Misericórdia da Bahia	6
Rio de Janeiro	Educandário Romão Duarte da Santa Casa de Misericórdia do Rio de Janeiro	25
São Paulo	Museu da Santa Casa de Misericórdia de São Paulo	9

A título de visualizar-se a organização do material, apresentamos a seguir um quadro-sumário do *corpus*, que está organizado da seguinte forma: a primeira coluna refere-se ao número de identificação dado ao manuscrito no conjunto do *corpus*. A segunda coluna traz a data do manuscrito, geralmente, explícita. Na terceira coluna, faz-se a transcrição da primeira linha do manuscrito.

Quadro 4 - Sumário do *Corpus*

Corpus de Lisboa

Número do escrito	Ano do escrito	Linha de abertura
1	1790	Para a Casa das Misericórdia
2	1790	Aí vai esse menino com idade de um mês
3	1790	Ainda não está batizado: pede-se que
4	1798	Joaquina, [*]
5	1800	Na noite do dia 2 de janeiro de 1800 nas
6	1800	Entrego na Santa Casa de Misericórdia uma imposta
7	1800	Entre para Santa Casa da Misericórdia esta
8	1836	Nasceu esta menina no dia 14 de novembro de 1838
9	1839	hoje 9 de abril de 1839 entrou para
10	1841	Este infeliz inocente filho de um amor mútuo e sincero

Número do escrito	Ano do escrito	Linha de abertura
11	1842	Esta menina nasceu no dia 27 de julho
12	1843	Ilustríssimo Senhor, esta criança
13	1843	Ano de 1843
14	1846	Pede-se que este menino que
15	1846	1846
16	1886	Este menino nasceu no dia 22 do mês
17	1886	Nasceu a 26 de novembro às 3
18	1890	Peço que à minha filha seja batizada
19	1892	Nasceu a 26 de janeiro
20	1921	Esta menina está

Corpus de Salvador

Número do escrito	Ano do escrito	Linha de abertura
21	1959	José Bonfim Barbosa
22	1960	Maria das Graças nasceu no
23	1961	Salvador, 5-3-961
24	1961	Isabel Cristina Marques
25	1961	Salvador, 1º de agosto de 1961.
26	1969	Madre,

Corpus DE RIO DE JANEIRO

NÚMERO DO ESCRITO	ANO DO ESCRITO	LINHA DE ABERTURA
27	1858	Remeto esta criança que nasceu a 30 de abril de 1858
28	1858	A criança que este bilhete acompanha
29	1858	Eu chamo-me Severina, estou batizada
30	1858	Esta inocente nasceu a 20 de fevereiro do corrente na
31	1858	O menino está batizado com o nome de Elias, hoje tem 23 dias
32	1858	Ilustríssimo Senhor,
33	1858	Hoje, 1º de julho de 1858
34	1858	Este inocente nasceu a 8 de agosto
35	1958	Em nome do Altíssimo Deus entrego a minha filha
36	1958	Remeto este menino para su
37	1958	Rio de Janeiro, 4 de setembro de 1858
38	1858	Pede-se o favor que o recém-presente seja
39	1858	Poderosos motivos obrigam a aban-
40	1858	Roga-se à Ilustríssima Administração
41	1858	Homenagem pedida!
42	1858	Rio de Janeiro, 31 de dezembro de 1858.
43	1880	Esta menina nasceu no dia
44	1880	Dia 14 de Janeiro de 1880
45	1880	Esta criança nasceu no
46	1880	Não é o crime que aqui expõe
47	1880	Ja está registrado.
48	1901	Senhoras da Caridade
49	1901	Esta criança é filha de pais incógnitos; não está batizada; deve chamar-se
50	1903	Rio de Janeiro, 5 de dezembro de 1903
51	1955	Deixo esta criança para ser dada

CORPUS DE SÃO PAULO

Número do escrito	Ano do escrito	Linha de abertura
52	1917	Já foi batizado, chama-se
53	1920	Carlos Pena
54	1921	Esta criança cha-
55	1922	São Paulo, 21-2-1922 (Dor de mãe)
56	1922	São Paulo, 30 de maio de 1922
57	1922	Recebam-me
58	1922	Ainda não está
59	1923	Irmã Superiora
60	1923	São Paulo, 4-10-923

AGRUPAMENTO DOS ESCRITOS DE MEIO EM MEIO SÉCULO

Para algumas das análises que serão apresentadas nos capítulos seguintes, utilizaremos como referência o agrupamento dos escritos para cada meio século, que facilitará a observação de algumas variações. Seguindo esse critério, temos a seguinte distribuição: sete escritos datados da segunda metade do século XVIII, oito datados da primeira metade do século XIX, 25 da segunda metade do século XIX, 13 da primeira metade do século XX e sete da segunda metade do século XX.

Esta distribuição consta nos dados do quadro a seguir, que está organizado da seguinte forma: o título traz a indicação do meio século em que foi produzido o escrito, a primeira coluna informa o número do escrito e a segunda refere-se a seu ano de produção.

QUADRO 5 - ESCRITOS AGRUPADOS DE MEIO EM MEIO SÉCULO

SEGUNDA METADE DO SÉCULO XVIII

NÚMERO DO ESCRITO	ANO DO ESCRITO
1	1790
2	1790
3	1790
4	1798
5	1800
6	1800
7	1800

PRIMEIRA METADE DO SÉCULO XIX

NÚMERO DO ESCRITO	ANO DO ESCRITO
8	1838
9	1839
10	1841
11	1842
12	1843
13	1843
14	1846
15	1846

SEGUNDA METADE DO SÉCULO XIX

NÚMERO DO ESCRITO	ANO DO ESCRITO
16	1886
17	1886
18	1890
19	1892
27	1858
28	1858
29	1858
30	1858
31	1858
32	1858
33	1858
34	1858

Número do Escrito	Ano do Escrito
35	1858
36	1858
37	1858
38	1858
39	1858
40	1858
41	1858
42	1858
43	1880
44	1880
45	1880
46	1880
47	1880

Primeira metade do século XX

Número do Escrito	Ano do Escrito
20	1921
48	1901
49	1903
50	1903
52	1917
53	1920
54	1921
55	1922
56	1922
57	1922
58	1922
59	1923
60	1923

Segunda metade do século XX

Número do Escrito	Ano do Escrito
21	1959
22	1960
23	1961

24	1961
25	1961
26	1969
51	1955

60 ESCRITOS DA RODA

Apresentamos a seguir a transcrição dos sessenta escritos selecionados para o *corpus*. As normas para esta transcrição foram explicitadas na introdução deste livro. Cada escrito vem acompanhado também de informações retiradas de uma ficha codicológica, que foi elaborada previamente. A Codicologia estuda os documentos manuscritos do ponto de vista técnico, descrevendo aspectos de sua confecção material. Indicamos as características dos escritos por meio de notas de rodapé, que indicam especificamente o suporte material, a composição, a organização da página e as particularidades de cada escrito, conforme modelo proposto por Cambraia (2005, p. 28). Adaptamos a descrição às especificidades e necessidades dos documentos que compõem o *corpus*. Além disso, sumarizamos o conteúdo de cada escrito.

O item **suporte material** traz a descrição sumária do papel em que o escrito se encontra registrado e informa também se há pautas impressas. O item **composição** indica a quantidade de folhas que compõem o documento e o formato empregado, com as medidas da altura (A) e da largura (L) em centímetros. O item **organização da página** informa se a folha ou parte de folha é avulsa, o que acontece em todos os documentos do *corpus* e a quantidade de linhas grafadas. Ressalta-se que as anotações tardias, as quais geralmente, informam o número de registro do exposto, não foram consideradas na contagem das linhas dos escritos. O item **particularidades** indica a existência de elementos gráficos como a apresentação das assinaturas ou outros sinais de identificação do autor material, e elementos extratextuais como os sinais, deslocados da mancha do texto. A **descrição do conteúdo** relata uma síntese do que comunica o escrito em questão.

ESCRITO 1 — SANTA CASA DE MISERICÓRDIA DE LISBOA — 1790

> Para a Casa da Misericória
> Nasceu este menino pelas onze horas e meia do
> dia vinte e dois de setembro de mil setecentos e
> noventa. Vai por batizar e há de se chamar Mau-
> rício. Os cueiros são de baetão alvadio escuro já
> velhos e em volta do mesmo; o cinto de fita atadei-
> ra lisa de seda branca já velha. Pretende-se que
> a criação dele seja dentro em Lisboa. e com zelo para
> se procurar a seu tempo.[25]

ESCRITO 2 — SANTA CASA DE MISERICÓRDIA DE LISBOA — 1790

> Aí vai esse menino com idade de um mês
> e nove dias, que está por batizar e a este
> lhe porão o nome de José Teodoro e aí leva
> uma camisinha usada de bretanha e umas rou-
> pinhas de seda azul claro já usadas e leva
> dois cueiros pardos e um azul [*] já lavados
> e leva uma touquinha também usada. Hoje, quarta-

---

25 **Suporte material**: papel sem pauta. **Composição**: escrito manuscrito somente na frente, formato retangular; L: 20cm x A: 14cm. **Organização da página**: folha solta, 9 linhas escritas. **Particularidades**: Não há assinatura. Há anotação do número do exposto, escrita posteriormente por outro punho. **Conteúdo**: o texto informa hora e dia do nascimento da criança e que não está batizada, sugerindo que seja chamada de Maurício. Descreve duas peças de enxoval que vão com a criança e informa que os itens estão velhos. Pede ainda que seja criada com zelo em Lisboa, pois em tempo oportuno será procurada.

feira, 29 do mês de dezembro de 1790.
E este escrito o guardarão bem arrecadado por causa de que seus pais o querem tirar cedo e o não mandarão para longe.[26]

ESCRITO 3 — SANTA CASA DE MISERICÓRDIA DE LISBOA — 1790

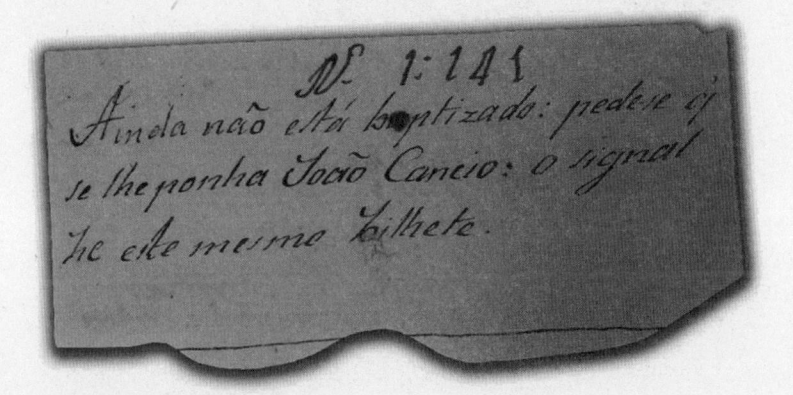

Ainda não está batizado: pede-se que
se lhe ponha João Cancio: o sinal
é este mesmo bilhete.[27]

---

26 **Suporte material**: papel sem paua. **Composição**: escrito manuscrito somente na frente, retangular; A: 21cm; L: 18cm. **Organização da página**: folha solta, 11 linhas escritas. **Particularidades**: não há assinatura. **Conteúdo**: o texto informa a idade da criança e que ela não está batizada. Afirma que deve ser chamada de Joze Theadoro e relaciona o enxoval que a acompanhava. Solicita que se guarde o escrito, pois os pais pretendem buscá-la em breve e pede ainda que não seja enviada para longe.

27 **Suporte material**: papel sem pauta. **Composição**: recorte irregular de papel, escrito manuscrito somente na frente, formato retangular; A: 5cm nas partes menores e 7cm nas partes maiores; L: 11cm. **Organização da página**: folha avulsa, 3 linhas escritas. **Particularidades**: não há assinatura. O número do exposto foi incluído acima do texto do escrito tardiamente, por outro punho e instrumento de escrita. **Conteúdo**: o texto informa que a criança não está batizada, solicita que seja chamada de João Carneiro e informa que o sinal que leva é o presente bilhete.

ESCRITO 4 — SANTA CASA DE MISERICÓRDIA DE LISBOA — 1798

Joaquina, [*]
Esta menina vai já batizada, nasceu na 6ª feira, 28 de
dezembro de 1798, leva dois cueiros azuis, digo, um
verde mar e outro azul mais usado. [*] uma
fita cor de mel, cuja menina a seu
tempo se procurará. Este bilhete
vai assim com estes sinais golpeados para comparecer
com o outro que fica
do mesmo teor.
DLL[28]

---

28 **Suporte material**: papel sem pauta, similar ao papel vergê, azul claro. **Composição**: escrito manuscrito somente na frente, redigido a partir da base, A: 8cm; L: 15,5cm; Diagonal 16,5cm; papel em formato de triângulo-retângulo com corte oblíquo e saliência em sua parte central. **Organização da página**: folha avulsa, 10 linhas escritas. **Particularidades**: papel azul. A anotação do número do exposto foi inserida por outro punho justamente entre as palavras "Joaquina" e "anacenso". Iniciais da assinatura na ponta do triângulo. **Conteúdo**: o texto informa que a criança está batizada, sua data de nascimento e relaciona os itens de enxoval que a acompanham. Acrescenta que a criança será procurada por pessoa que levará outro escrito contendo o mesmo teor.

ESCRITO 5 — SANTA CASA DE MISERICÓRDIA DE LISBOA — 1800

Esta menina nasceu a dezessete do mês de maio por seu nome Henriqueta e leva de sinal uma medida de Nossa Senhora do Cabo. Hoje, dezessete de maio de 1800.[29]

ESCRITO 6 — SANTA CASA DE MISERICÓRDIA DE LISBOA — 1800[30]

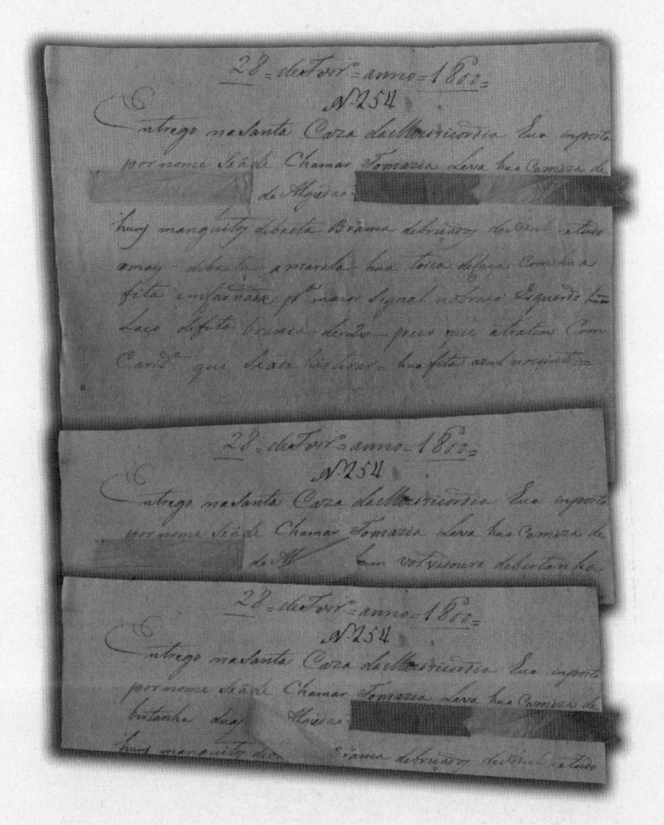

---

29 **Suporte material**: papel sem pauta. **Composição**: escrito manuscrito, escrito somente na frente, formato retangular; A: 14cm; L: 19cm; com recorte irregular na parte inferior da margem. **Organização da página**: folha avulsa, 4 linhas escritas. **Particularidades**: fita cor-de-rosa perpassada verticalmente. **Conteúdo**: o texto informa dia, mês e ano do nascimento da criança, sugere que deve ser chamada de Henriqueta. Informa que leva uma fita de Nossa Senhora do Cabo.

30 Há a reprodução do início do escrito outras duas vezes: cada uma delas com a fita perpassada levantada de um dos lados para tornar possível a leitura da linha encoberta na primeira imagem.

28 de fevereiro de 1800.
Entrego na Santa Casa da Misericórdia uma imposta por nome se há de chamar Tomásia. Leva uma camisa de bretanha, duas de algodão, um volvedouro de bretanha, uns manguitos de baeta branca debruados de azul e tudo o mais de baeta amarela, uma touca de cassa com uma fita encarnada: para maior sinal no braço esquerdo um laço de fita branca de — Peço que a tratem com caridade que se há de ir tirar — uma fita azul no cinto.[31]

ESCRITO 7 — SANTA CASA DE MISERICÓRDIA DE LISBOA — 1800

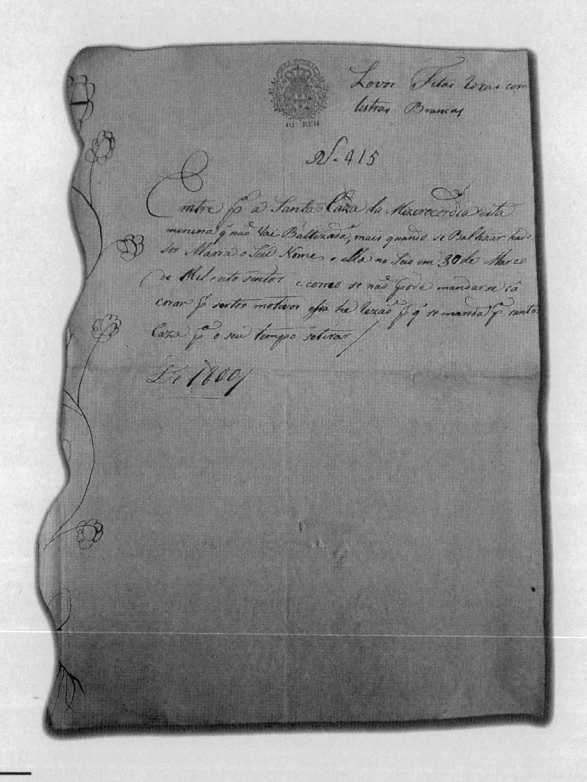

31 **Suporte material**: papel sem pauta. **Composição**: escrito manuscrito somente na frente, formato retangular, A: 17cm ; L: 22. **Organização da página**: folha avulsa, 9 linhas escritas. **Particularidades**: não há assinatura; há uma fita de seda que perpassa a terceira linha do texto, recobrindo dois segmentos dele. A anotação do número do exposto fora escrita posteriormente e por outro punho. **Conteúdo**: o texto informa que a criança deve ser chamada de Tomazia. Descreve o enxoval que a acompanha, afirma que o sinal principal é um laço de fita branca que está no braço esquerdo da criança e solicita que seja tratada com caridade.

Leva fitas roxas com
listras brancas.
Entre para a Santa Casa da Misericórdia esta
menina que não vai batizada, mas quando se batizar há de
ser Maria o seu nome. Ela nasceu em 30 de março
de mil e oitocentos e como se não pode mandar-se a
criar por certos motivos, essa é razão por que se manda para Santa
Casa para a seu tempo se tirar.
De 1800.[32]

ESCRITO 8 — SANTA CASA DE MISERICÓRDIA DE LISBOA — 1838

Nasceu esta menina no dia 14 de novembro de 1838.
Há de chamar-se Paulina; leva de pensadura 1 coeiro
encarnado, um vestido de chita e uma touca de bobinete
de renda.[33]

---

32   **Suporte material:** papel sem pauta. **Composição:** escrito manuscrito somente na frente, formato retangular; A: 30cm; L: 21cm; recorte irregular do papel na parte esquerda. **Organização da página:** folha avulsa, 7 linhas escritas. **Particularidades:** duas linhas de anotações, incluindo o número do exposto, realizadas tardiamente e por outro punho. Não há assinatura. Papel com o timbre do 10 réis, que indica o valor do papel. Hastes e desenhos de flores na margem esquerda do texto. **Conteúdo:** o texto informa a data de nascimento da criança, que não está batizada e que seu nome deve ser Maria. Informa ainda que será retirada.

33   **Suporte material:** papel sem pauta. **Composição:** escrito manuscrito somente na frente; recorte irregular na parte inferior do papel; formato retangular; A: 11,5cm; L: 18cm. **Organização da página:** folha avulsa, 4 linhas escritas. **Particularidades:** a anotação do número do exposto foi inserida por outro punho tardiamente no verso do escrito. Não há assinatura. Apresenta orelha na parte superior esquerda e na parte inferior direita em virtude do tempo e da fina espessura do papel. Recorte irregular do papel na parte inferior. **Conteúdo:** o texto informa a data de nascimento da criança, que deve ser chamada de Paulina, e relaciona itens de enxoval que a acompanham.

ESCRITO 9 — SANTA CASA DE MISERICÓRDIA DE LISBOA — 1839

Hoje, 9 de abril de 1839, entra para
a Santa Casa da Misericórdia um
menino que nasceu neste mesmo
dia, por nome lhe porão Júlio
Pedro Augusto. Leva por sinal
um vestido de paninho recortado
por baixo e com um bocado cortado
que fica por sinal.
J S Silva[34]

ESCRITO 10 — SANTA CASA DE MISERICÓRDIA DE LISBOA — 1841

Este infeliz inocente, filho de um amor mútuo e sincero, nasceu ontem, 11 de Maio de 1841, às 10 horas da manhã, dia de Santo Anastácio. Seus progenitores rogam que até o dia em que esperam ir recebê-lo, seja carinhosamente tratado, pelo que serão gratos, e igualmente pedem seja batizado José, o que tudo esperam pela caridade da Santa Casa e sua filantropia.[35]

---

[34] **Suporte material**: papel sem pauta. **Composição**: escrito manuscrito somente na frente; recorte de papel retangular; A: 7cm; L: 14,5cm. **Organização da página**: folha avulsa, 8 linhas escritas. **Particularidades**: há assinatura no canto inferior esquerdo. **Conteúdo**: o texto informa a data de nascimento da criança e que deve ser chamada de Júlio Pedro Augusto. Relaciona os itens que a acompanham.

[35] **Suporte material**: papel sem pauta. **Composição**: escrito manuscrito somente na frente, formato quadrado; A: 9cm ; L: 9cm. **Organização da página**: folha avulsa, 7 linhas escritas. **Particularidades**: originalmente este escrito fora entregue dobrado no meio, sendo que a mancha está na parte inferior da dobradura. Foram inseridos posteriormente na parte superior da folha o número do livro, o número da página e o número de registro. Não há assinatura no documento. **Conteúdo**: o texto informa data, hora e dia do nascimento da criança: dia de Santo Anastácio. Informa ainda que seus progenitores pedem que seja carinhosamente tratada e batizada com o nome de José. Relata ainda que os pais pretendem buscá-la.

ESCRITO 11 — SANTA CASA DE MISERICÓRDIA DE LISBOA — 1842

Esta menina nasceu no dia 27 de julho
às 6 horas da tarde no ano de 1842, levando
por sinal uma roseta branca, encarnada
e verde. Ainda não vai batizada.
Rogo-lhe o obséquio de que quando a batizar,
me por pronome Maria de Jesus para que todo
tempo que esta menina se procure por
sinal que leva.[36]

---

36 **Suporte material**: papel sem pauta, cor azul clara. **Composição**: escrito manuscrito somente na frente, formato retangular; A: 15cm ; L: 10cm. **Organização da página**: folha avulsa, 8 linhas escritas. **Particularidades**: costurada ao escrito há uma roseta feita em três camadas de tecido, a maior e inferior tem cor amarelada, a segunda, rosada, e a menor e superior, verde. Entretanto, o escrito informa que a roseta tem uma de suas cores branca; provavelmente o tecido branco tenha se tornado amarelado pelo tempo. Não há assinatura. **Conteúdo**: o texto informa a data e hora do nascimento da criança, que não está batizada, e solicita que seja chamada de Maria de Jesus. Faz referência a uma roseta branca, vermelha e verde que acompanha a criança. Relata que os pais pretendem procurá-la por meio do sinal que leva.

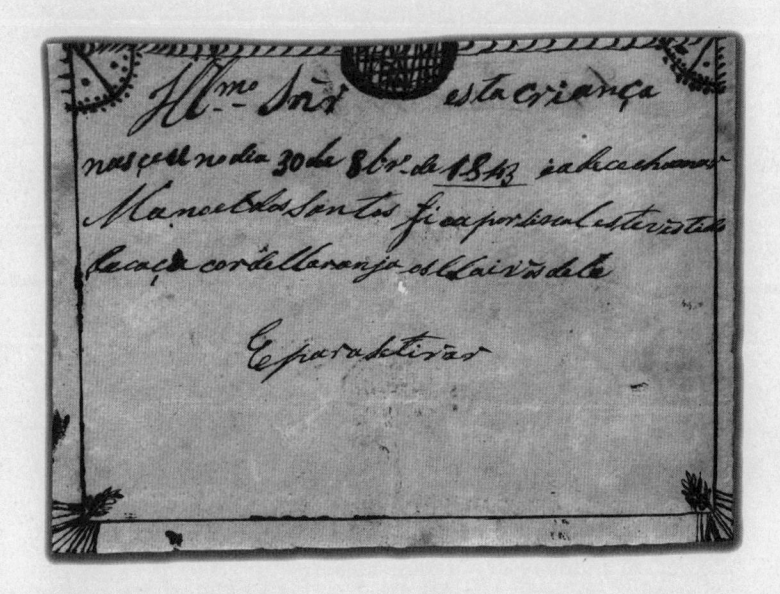

ESCRITO 12 — SANTA CASA DE MISERICÓRDIA DE LISBOA — 1843

Ilustríssimo Senhor, esta
nasceu no dia 30 de outubro de 1843 e há de se chamar
Manoel dos Santos. Fica por sinal este vestido
de caça cor de laranja, os laivos dele.
É para se retirar.[37]

ESCRITO 13 — SANTA CASA DE MISERICÓRDIA DE LISBOA — 1843

Ano de 1843
Nasceu este menino em 8 de novembro de 1843.
Entra para a Santa Casa da Misericórdia. Vai por batizar.
O nome será José Maria. Leva um coeiro azul, um man-

---

37 **Suporte material**: papel sem pauta. **Composição**: escrito manuscrito somente na frente, formato retangular; A: 9,5cm; L: 15cm. **Organização da página**: folha avulsa, 5 linhas escritas. **Particularidades**: desenho de moldura e rabiscos em cada um dos cantos e na parte central superior do papel. Não há assinatura. **Conteúdo**: o texto informa data e hora do nascimento da e que deve ser chamada de Manoel dos Santos para ser batizada. Descreve o vestido que acompanha a . Informa que "é para retirar".

drião de chita de salpicos roxo, um bocado de fita azul clara com raminhos. A seu tempo será procurado na Santa Casa da Misericórdia.[38]

ESCRITO 14 — SANTA CASA DE MISERICÓRDIA DE LISBOA — 1846

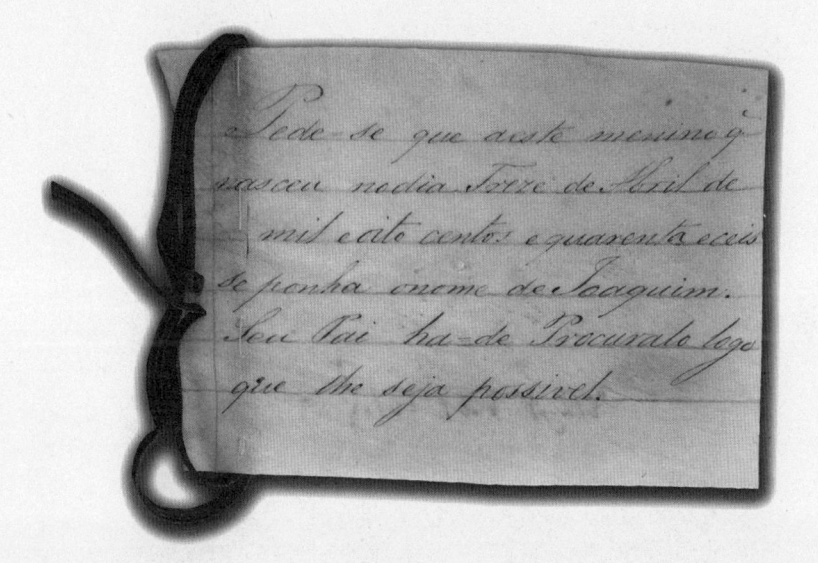

Pede-se que a este menino que
nasceu no dia treze de abril de
mil, oitocentos e quarenta e seis,
se ponha o nome de Joaquim.
Seu pai há de procurá-lo logo
que lhe seja possível.[39]

---

38 **Suporte material**: papel sem pauta, cor azul. **Composição**: escrito manuscrito somente na frente, formato retangular; A: 18cm; L: 10cm. **Organização da página**: folha avulsa, 7 linhas escritas. **Particularidades**: pedaço de tecido branco costurado junto do escrito. Não há assinatura. **Conteúdo**: o texto informa a data do nascimento da criança e que seu nome é José Maria. Afirma ainda que a criança será procurada na Santa Casa.

39 **Suporte material**: papel sem pauta. **Composição**: escrito manuscrito somente na frente, formato retangular, L: 10cm; A: 5,5cm. **Organização da página**: folha avulsa, 6 linhas escritas. **Particularidades**: fitilho verde perpassado por dois pontos do lado esquerdo do escrito. Não há assinatura. **Conteúdo**: o texto informa a data do nascimento da criança e que deve ser chamada de Joaquim. Afirma que seu pai irá procurá-la assim que possível.

ESCRITO 15 — SANTA CASA DE MISERICÓRDIA DE LISBOA — 1846

1846
Esta criança não está ba-
tizada, pede-se que se guarde
este bilhete para ser procurado em tempo; e se lhe ponha
o nome do dia em que der entrada.[40]

ESCRITO 16 — SANTA CASA DE MISERICÓDIA DE LISBOA — 1886

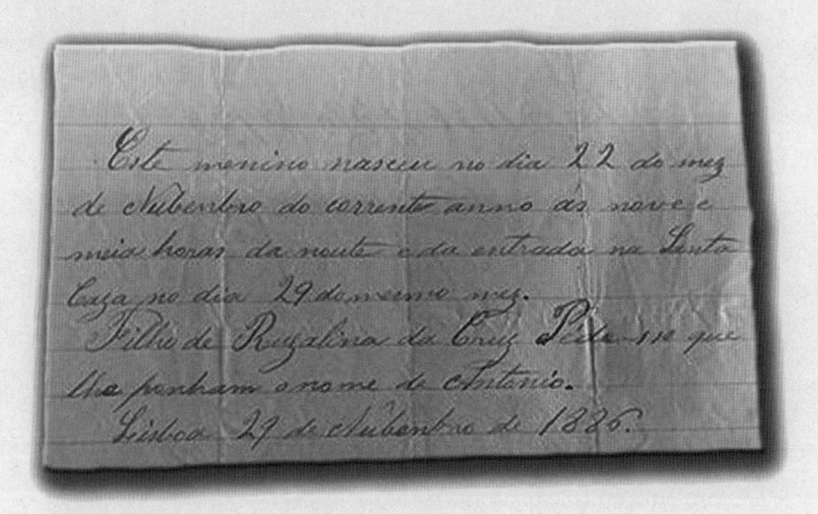

Este menino nasceu no dia 22 do mês
de novembro do corrente ano, às nove e
meia da noite e dá entrada na Santa
Casa no dia 29 do mesmo mês.
Filho de Rosalina da Cruz. Pede-se que

---

40 **Suporte material**: papel sem pauta. **Composição**: escrito manuscrito somente na frente, formato retangular; lateral esquerda com um rabisco e cortada propositalmente de forma irregular. **Organização da página**: folha avulsa, 6 linhas escritas. **Particularidades**: recorte irregular do papel na parte esquerda e rabisco espiralado na margem esquerda. Há um alfinete perspassado horizontalmente, logo após a assinatura. **Conteúdo**: o texto informa que a criança não está batizada e pede que seja registrada com o nome do [Santo] dia em que der entrada. Solicita que se guarde o escrito, pois ela será procurada.

lhe ponham o nome de Antônio.
Lisboa, 29 de novembro de 1886. [41]

ESCRITO 17 — SANTA CASA DE MISERICÓRDIA DE LISBOA — 1886

Nasceu a 26 de novembro às 3
horas da tarde no hospital de São
José, enfermaria de Santa Bárbara. Batizado a 28 de novembro Carlos, no hospital de São José. Filho de Isabel
Maria dos Santos, moradora no
Pátio de Garcia, número 5, loja.
Entrando para a Santa Casa da
Misericórdia de Lisboa a 7 de
dezembro levando um sinal em
toda a roupa. Tem uma camisa,

---

41 **Suporte material:** papel sem pauta. **Composição:** escrito manuscrito somente na frente, formato retangular, L: 13,5cm x A: 13,5cm. **Organização da página:** folha avulsa, 8 linhas escritas. **Particularidades:** formato quadrado ao final da página duas iniciais como assinatura. Há assinatura. **Conteúdo:** o texto informa data e hora de nascimento da criança e solicita que seja chamada de Antonio.

cueiro de beitilha branca, fralda,
umas roupinhas brancas, um
vestidinho branco, o meio lenço.
Pequeno lenço branco de Sagrado.[42]

ESCRITO 18 — SANTA CASA DE MISERICÓRDIA DE LISBOA — 1890

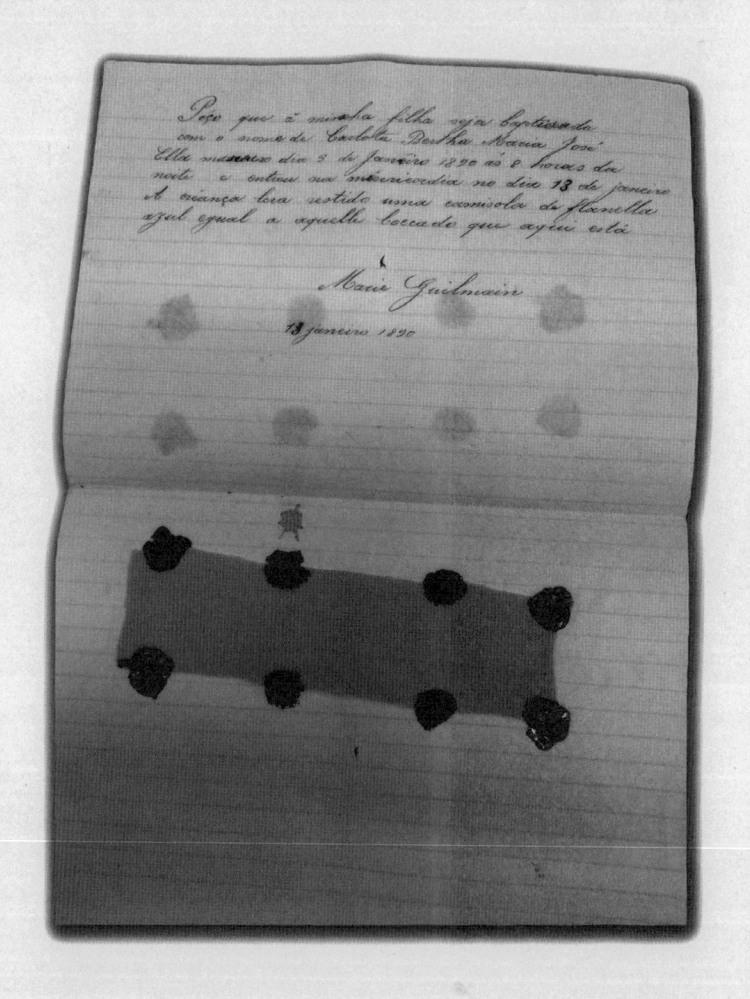

---

[42] **Suporte material:** papel sem pauta. **Composição:** escrito manuscrito somente na frente, formato retangular; A:12,5cm; L: 7,5cm. **Organização da página:** folha avulsa, 15 linhas escritas. **Particularidades:** não há assinatura. **Conteúdo:** o texto informa data, hora e local de nascimento da criança. Informa também o local de batismo e que seu nome é Carlos. Relaciona o enxoval que acompanha a criança.

Peço que a minha filha seja batizada
com o nome de Carlota Berta Maria José.
Ela nasceu no dia 3 de janeiro 1890, às 8 horas da
noite e entrou na Misericórdia no dia 13 de janeiro.
A criança leva vestida uma camisola de flanela
azul igual àquele bocado que aqui está.
Marie Guilmain
13 de janeiro de 1890[43]

ESCRITO 19 — SANTA CASA DE MISERICÓRDIA DE LISBOA — 1892

---

43 **Suporte material**: papel sem pauta. **Composição**: escrito manuscrito somente na frente, formato retangular; A: 22cm; L: 30cm. **Organização da página**: folha avulsa, 8 linhas escritas. **Particularidades**: pedaço grande de tecido de cor verde claro, formato retangular, colado com gotas de cera de cor verde escura, cera em excesso. Contém a assinatura de Marie Guilmain seguida da data. **Conteúdo**: o texto informa data e hora de nascimento da criança, solicita que seja batizada com o nome de Carlota Berta Maria José. Relaciona o enxoval que a acompanha.

Nasceu a 26 de janeiro
de 1892, às 3 horas da manhã, filho de Patrício Martins e de Getrudes da Conceição. Leva o retrato de seu
pai dentro duma bolsinha de
fazenda aos ramos, com uma
fita encarnada de seda.
Apertador de beitilha encarnado debruado de branco, vestido de cambraia branco.
Deu entrada na
Santa Casa de Misericórdia de
Lisboa no dia 22 de fevereiro de 1892.[44]

ESCRITO 20 — SANTA CASA DE MISERICÓRDIA DE LISBOA — 1921

Esta menina está
batizada. Chama-se Maria
Tereza Fernandes, mais
tarde vem ver ela.
Guardem o escrito.[45]

---

44 **Suporte material:** papel sem pauta. **Composição:** escrito manuscrito somente na frente, formato retangular; A: 28cm; L: 20cm. **Organização da página:** folha avulsa, 15 linhas escritas. **Particularidades:** junto do escrito há a foto de um homem dentro de uma bolsinha de tecido. Não há assinatura. Fotografia e pedaço de tecido originalmente inseridos dentro do escrito dobrado. **Conteúdo:** o texto informa data e hora de nascimento da criança e nome dos pais. Relata que a criança usa um vestido de cambraia branca.

45 **Suporte material:** papel sem pauta. **Composição:** escrito manuscrito somente na frente; formato retangular; A: 7,5cm; L: 9cm. **Organização da página:** folha avulsa, 5 linhas escritas. **Particularidades:** não há assinatura. **Conteúdo:** o texto informa que a criança está batizada, seu nome é Maria Tereza Fernandes e mais tarde virão vê-la. Solicita que guardem o escrito.

ESCRITO 21 — SANTA CASA DE MISERICÓRDIA DA BAHIA — 1959

José Bonfim Barbosa
Nascimento: 20 de outubro de 1959
Mãe: Gregória Barbosa
Pai: José Ribeiro
Cartório Campo Grande
Forte São Pedro
Legião Brasileira[46]

ESCRITO 22 — SANTA CASA DE MISERICÓRDIA DA BAHIA — 1960

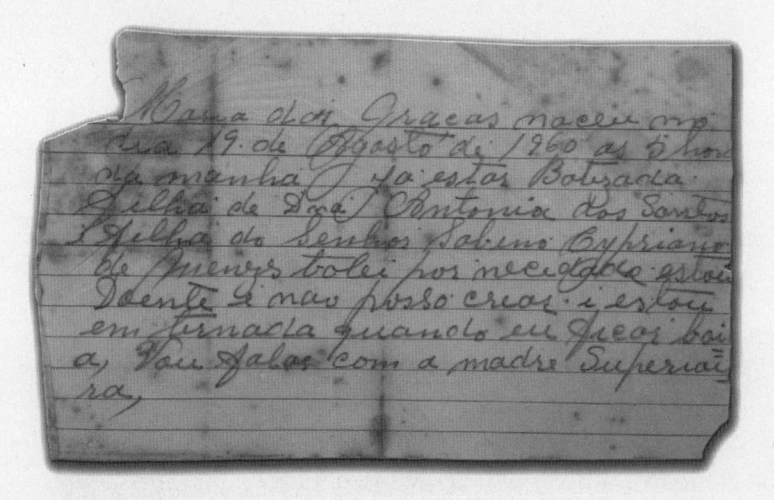

Maria das Graças nasceu no
dia 19 de Agosto de 1960, às 5 horas
da manhã. Já está batizada.
Filha de Dona Antonia dos Santos,
filha do Senhor Sabino Cypriano
de Menezes. Botei por necessidade, estou

---

46 **Suporte material:** papel sem pauta, textura semelhante ao papel-cartão, cor amarela. **Composição:** escrito manuscrito somente na frente, formato retangular; A: 15cm, L: 10,5cm. **Organização da página:** folha avulsa, 7 linhas escritas. **Particularidades:** não há assinatura. Texto telegráfico. **Conteúdo:** o texto informa a data do nascimento da criança e que seu nome é José Bonfim Barbosa. Indica o nome dos pais e o cartório em que foi registrado.

doente e não posso criar e estou
internada. Quando eu ficar bo-
a, vou falar com a madre Superio-
ra.⁴⁷

ESCRITO 23 — SANTA CASA DE MISERICÓRDIA DA BAHIA — 1961

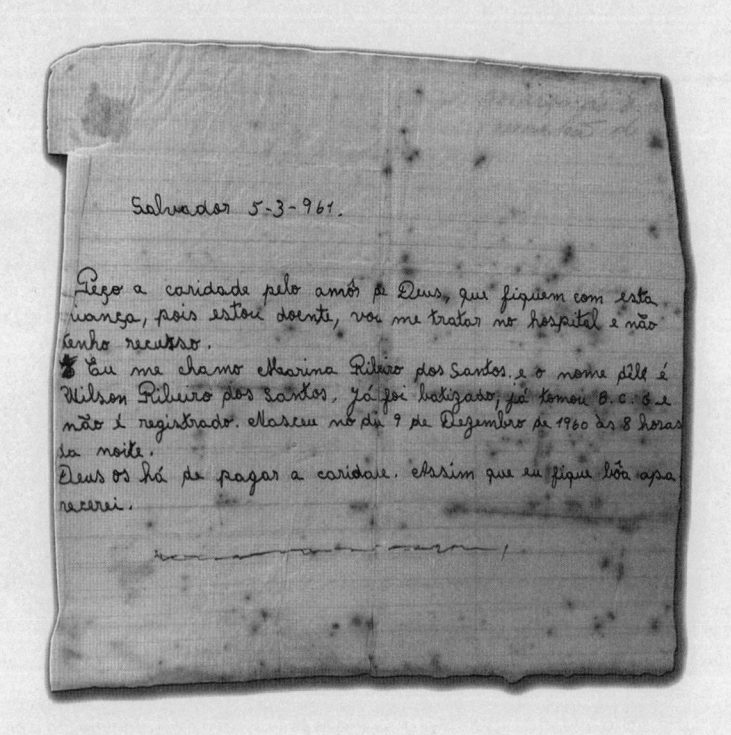

Salvador, 5-3-961.
Peço a caridade, pelo amor de Deus, que fiquem com esta
criança, pois estou doente, vou me tratar no hospital e não
tenho recurso.

---

47   **Suporte material:** papel sem pauta. **Composição:** escrito manuscrito somente na frente, formato retangular, cortado propositalmente no canto superior esquerdo; A: 11,5cm; L: 19,5cm. **Organização da página:** folha avulsa, 10 linhas escritas. **Particularidades:** rasgos tardios no canto superior esquerdo e no canto inferior direito; não há assinatura. **Conteúdo:** o texto informa a data e hora de nascimento da criança e que seu nome é Maria das Graças. Acrescenta que já está batizada e informa o nome dos pais.

Eu me chamo Marina Ribeiro dos Santos e o nome dele é Wilson Ribeiro dos Santos. Já foi batizado, já tomou BCG e não é registrado. Nasceu no dia 9 de dezembro de 1960, às 8 horas da noite.

Deus os há de pagar a caridade. Assim que eu fique boa aparecerei.[48]

ESCRITO 24 — SANTA CASA DE MISERICÓRDIA DA BAHIA — 1961

Isabel Cristina Marques
Batizada
Nascida em 18 de julho de 1961
Amália Marques[49]

---

48   **Suporte material**: papel sem pauta. **Composição**: escrito manuscrito somente na frente, formato retangular, A: 19; L: 20. **Organização da página**: folha avulsa, 10 linhas escritas. **Particularidades**: traçado irregular na segunda linha após término do texto; dobra como "orelha" no lado esquerdo do papel. **Conteúdo**: o texto informa data e hora do nascimento da criança. Acrescenta que não está registrada, mas já está batizada e que seu nome é Wilson Ribeiro dos Santos.

49   **Suporte material**: papel sem pauta, textura semelhando ao papel-cartão, cor amarela. **Composição**: escrito manuscrito somente na frente, formato retangular, A: 10cm; L: 16cm. **Organização da página**: folha avulsa, 9 linhas escritas. **Particularidades**: rasgos tardios nos cantos direito superior e esquerdo inferior do papel. Há algumas palavras e uma conta escrita na diagonal com outra tinta de caneta, em que se lê: "1 ano 3 meses e 20 dias 31-18= 13 dias". Há assinatura legível: "Amália Marques". **Conteúdo**: o texto informa a data de nascimento da criança, que já está batizada e que seu nome é Isabel Cristina Marques.

ESCRITO 25 — SANTA CASA DA MISERICÓRDIA DA BAHIA — 1961

Salvador, 1º de agosto de 1961.
Esta garotinha tem nove meses, pelo pai ter
uma situação financeira muito
fraca se submete, deixa aqui
até que ele melhore. A garota tem
mãe, não sei onde anda, largou
em minha mão. Se ela qualquer a
tempo me aparecer, eu como pai
digo onde ela está, para ela ver.
Eu mesmo como pai vou ver,
fico muito grato à Irmã chefe desta
Casa que vai tomar conta da referida.
A garota não é batizada, nasceu em
17 de novembro de 1960. Chama-se
Daci Silva. Pai: Antonio B. Silva.
Mãe: Jandira Silva. Peço que não
dê minha filha, pois eu vou buscar
assim que complete 9 anos, eu
sou simples operário, e sou estudante,
moro em pensão, não posso tomar
conta mais.[50]

ESCRITO 26 — SANTA CASA DA MISERICÓRDIA DA BAHIA — 1969

Madre,
Boa tarde.
A senhora pode entregar a
menina a quem a senhora achar

---

50 **Suporte material**: papel pautado. **Composição**: escrito manuscrito somente na frente, formato retangular, A: 26cm; L: 20cm. **Organização da página**: folha avulsa, 21 linhas escritas. **Particularidades**: abaixo do texto há um registro de horário, grafado com outra tinta de caneta. Há recortes dentados na parte superior esquerda e na parte direita do papel. **Conteúdo**: o texto informa data de nascimento da criança, que não está batizada, chama-se Daci Silva e que será retirada quando completar 9 anos de idade.

que tem credencial para recebê-la.
Eu não posso ir aí para
conversar, porque estou superlotada
de serviço.
Julieta Viana
Em 19/12/69.[51]

ESCRITO 27 — SANTA CASA DE MISERICÓRDIA DO RIO DE JANEIRO — 1858

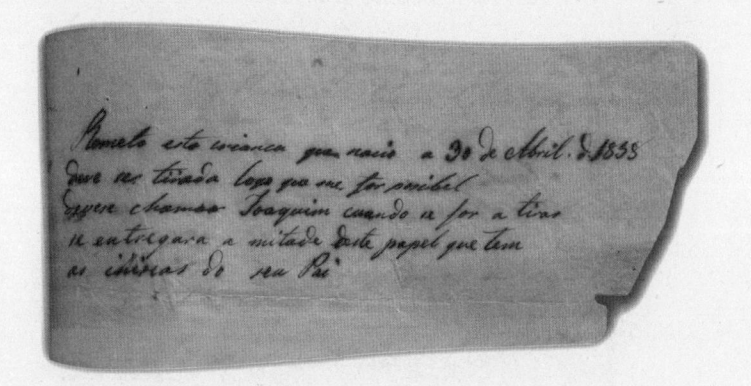

Remeto esta crianca que nasceu a 30 de abril de 1858.
Deve ser tirada logo que me for possível.
Deve-se chamar Joaquim, quando se for tirá-lo
se entregará a metade deste papel que tem
as iniciais do seu pai.
JLN[52]

---

51 **Suporte material**: papel de seda sem pautas impressas. **Composição**: escrito manuscrito somente na frente, formato retangular; A: 18cm; L: 12cm. **Organização da página**: folha avulsa, 10 linhas escritas. **Particularidades**: há assinatura legível: Julieta Viana. Orelha na parte superior do papel. **Conteúdo**: O texto solicita que a criança seja entregue a quem puder recebê-la.

52 **Suporte material**: papel sem pauta. **Composição**: escrito manuscrito somente na frente, formato triangular com recorte oblíquo irregular na margem direita, A: 21cm; L: 19cm. **Organização da página**: folha avulsa, 6 linhas escritas. **Particularidades**: iniciais do nome do pai cortadas na diagonal. **Conteúdo**: o texto informa a data de nascimento da criança e que deve ser chamada de Joaquim. Afirma também que será retirada e que nessa ocasião será apresentado como contrassinal a outra metade do escrito.

ESCRITO 28 — SANTA CASA DE MISERICÓRDIA DO RIO DE JANEIRO — 1858

A criança que este bilhete acompanha
nasceu hoje, 29 de janeiro de 1858, às 2 horas
da noite. Não está batizada, pede-se
que lhe deem o nome de Mariana.
Curva-se o direito de a reclamar.[53]

ESCRITO 29 — SANTA CASA DE MISERICÓRDIA DO RIO DE JANEIRO — 1858

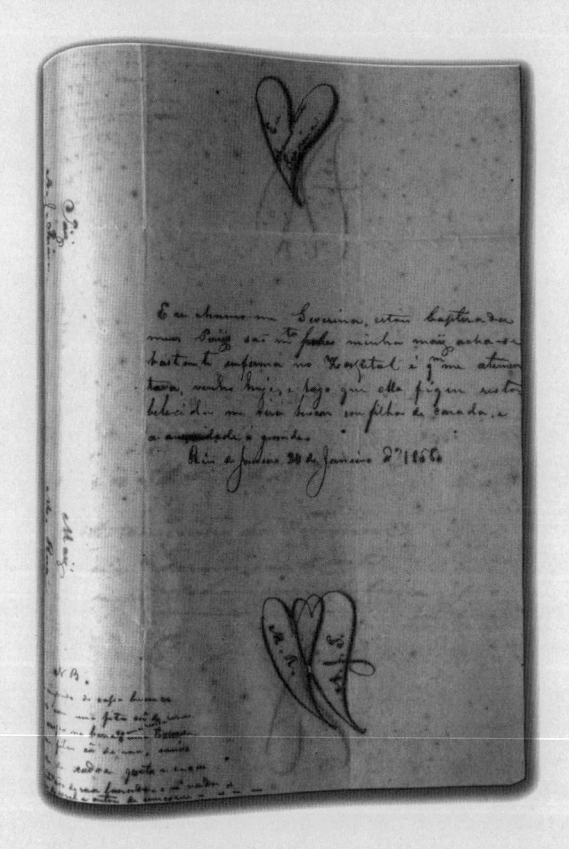

---

[53] **Suporte material**: papel sem pauta. **Composição**: escrito manuscrito somente na frente, formato retangular, A: 24cm; L: 18cm. **Organização da página**: folha avulsa, 5 linhas escritas. **Particularidades**: o texto começa depois da metade do papel; o papel foi dobrado três vezes. **Conteúdo**: o texto informa a hora e a data de nascimento da criança, que não está batizada e deve ser chamada de Mariana.

Eu me chamo Severina, estou batizada. Meus pais são muito pobres, minha mãe acha-se bastante enferma no hospital. É quem me alimentava. Venho hoje e logo que ela fique restabelecida me virá buscar. Sou filha de casada e a necessidade é grande.
Rio de Janeiro, 24 de Janeiro de 1858.[54]

ESCRITO 30 — SANTA CASA DE MISERICÓRDIA DO RIO DE JANEIRO — 1858

---

54 **Suporte material:** papel sem pauta. **Composição:** escrito manuscrito somente na frente, formato retangular, A: 27cm; L: 20cm. **Organização da página:** folha avulsa, 7 linhas escritas. **Particularidades:** antecedendo o texto há desenho de um coração com a inscrição "Eu chamo-me Severina" dentro dele; após o texto, as iniciais M. R. A. J. P. escritas dentro de um coração duplo, e anotações ilegíveis na margem esquerda inferior. **Conteúdo:** o texto informa que o nome da criança é Severina e que já está batizada. Afirma ainda que a mãe da criança está hospitalizada e que quando se restabelecer irá retirá-la.

Esta inocente nasceu a 20 de fevereiro do corrente a-
no. Ainda não está batizada e quando for roga-se
por-lhe o nome de Eleutéria. A todo o tempo
que se procure por ela, para vê-la, ou mesmo tirá-la,
só terá direito a ela a pessoa que apresentar o pedaço
que nesta lhe falta e que servirá de talão e por isso se
roga o arquivo desta. Rio de Janeiro, 10 de abril de
1858.
JAA[55]

ESCRITO 31 — SANTA CASA DE MISERICÓRDIA DO RIO DE JANEIRO — 1858

Este menino está batizado com o nome de Elias. Hoje tem 23 dias
de idade, porque nasceu sábado de Aleluia, 3 de abril de 1858.
Circunstâncias dolorosas e atribuladas fazem com que o destino dê por
mãe deste inocente a Casa Santa da Misericórdia, e se o mesmo
destino for mais venturoso um dia, ele será reclamado à sua
mãe adotiva.
Rio de Janeiro, 26 de abril de 1858.[56]

ESCRITO 32 — SANTA CASA DA MISERICÓRDIA DO RIO DE JANEIRO — 1858

Ilustríssimo Senhor,
Aqui fica depositado este anjinho.
Seu nome deve ser Antônio.
Roga-se a caridade do bem tratar

---

55 **Suporte material**: papel sem pauta. **Composição**: escrito manuscrito somente na frente, formato retangular, A: 25cm; L: 20cm. **Organização da página**: folha avulsa, 9 linhas escritas. **Particularidades**: assinatura cortada por um recorte grande triangular na parte direita central do papel. **Conteúdo**: o texto informa a data de nascimento da criança, que não está batizada e seu nome deverá ser Eleutéria. Solicita também que para vê-la ou retirá-la deverá ser apresentado como contrassinal a parte que falta no escrito.

56 **Suporte material**: papel sem pauta. **Composição**: escrito manuscrito somente na frente, formato retangular, A: 20cm ; L: 22cm. **Organização da página**: folha avulsa, 7 linhas escritas. **Particularidades**: não há assinatura. **Conteúdo**: o escrito informa a data de nascimento da criança, que está batizada e se chama Elias. Informa que talvez seja retirada por sua mãe adotiva.

e que não haja engano, pois devem
ir buscar este penhor de tanto valor
e amizade, e se há de recompensar
tudo o que for preciso, roga-se de novo
a caridade do bom tratamento e no
engano que possa haver leva esta fita para
divisa; hoje, maio de 1858.
Fica em casa dos expostos
este anjo e Deus o proteja.
No bracinho leva desta mesma fita.[57]

ESCRITO 33 — SANTA CASA DA MISERICÓRDIA DO RIO DE JANEIRO — 1858

Hoje, 1º de julho de 1858.
Entra esta criança para a roda que deve se
chamar Eduardo, que a todo o tempo há de ser
procurada, por isso é que leva este sinal.
Rio de Janeiro, 1858.[58]

ESCRITO 34 — SANTA CASA DE MISERICÓRDIA DO RIO DE JANEIRO — 1858

Este inocente nasceu a 8 de agosto
de 1858 e ainda não está batizado.
A mãe pede a esta Casa Pia para lhe
aceitarem o nome de Joaquim Cândido. Ela o lança nesta Casa
Pia por sua miséria e falta de

---

[57] **Suporte material**: papel sem pauta. **Composição**: escrito manuscrito somente na frente, formato retangular; A: 28cm, L: 22,5cm. **Organização da página**: folha avulsa, 14 linhas escritas. **Particularidades**: não há assinatura. **Conteúdo**: o texto informa que o nome da criança deve ser Antônio e deverá ser retirada mediante menção aos sinais que a acompanham.

[58] **Suporte material**: papel sem pauta. **Composição**: escrito manuscrito somente na frente, formato retangular; A: 21cm, L: 19cm. **Organização da página**: folha avulsa, 5 linhas escritas. **Particularidades**: não há assinatura. **Conteúdo**: o texto solicita que a criança seja chamada de Eduardo e informa que será procurada. O escrito apresenta local e data da entrada da criança na roda.

todos os recursos. Pede a Santa
Casa que a aceite e em todo o
tempo, se a sorte a ajudar, quererá
vê-lo e talvez tornar a receber
para sua companhia; e por isso o
deixa com os seguintes sinais:
uma argolinha de ouro na orelha esquerda,
um cinteiro de chita cor de café
com flores brancas miúdas e
um barrete também de chita ro-
xa com raminhos pretos.[59]

ESCRITO 35 — SANTA CASA DE MISERICÓRDIA DO RIO DE JANEIRO — 1858

Em nome do Altíssimo Deus, entrego a minha filha
para ser batizada com o nome de Tereza, que nasceu no dia 18 de
agosto, às 9 horas da manhã. E por eu não me achar com posses para
a criar entrego a quem
estime e que ela seja vossa filha e com este sinal
e mais uma manta que leva embrulhada fica
um pedaço, irei procurar.
Rio, 18 de Agosto de 1858.
A.B.L.[60]

---

59 **Suporte material:** papel sem pauta. **Composição:** escrito manuscrito somente na frente, formato retangular; A: 27cm, L: 22,5cm. **Organização da página:** folha avulsa, 20 linhas escritas. **Particularidades:** não há assinatura. **Conteúdo:** o texto informa a data de nascimento da criança, que não está batizada e que seu nome deve ser Joaquim Cândido. Afirma que talvez seja retirada mediante menção aos sinais que a acompanham.

60 **Suporte material:** papel sem pauta. **Composição:** escrito manuscrito somente na frente, formato retangular; A: 19cm, L: 23cm. **Organização da página:** folha avulsa, 9 linhas escritas. **Particularidades:** há três iniciais como assinatura. **Conteúdo:** o texto informa data e hora de nascimento da criança, que não está batizada e seu nome deve ser Teresa. Relaciona os sinais que a acompanham e afirma que ela será retirada.

ESCRITO 36 — SANTA CASA DA MISERICÓRDIA DO RIO DE JANEIRO — 1858

Remeto este menino para ser
criado com alguma delica-
deza para ser procurado no fim
de um ano; o nome é Fe-
licísssimo para sinal.
Rio Janeiro, 20 de agosto de 1858.
B.C.S.[61]

ESCRITO 37 — SANTA CASA DE MISERICÓRDIA DO RIO DE JANEIRO — 1858

Rio de Janeiro, 4 de setembro de 1858.
Este menino que vai para a roda com os sinais seguintes:
um lenço na cabeça branco de linho, uma touca
de cambrainha bordada guarnecida de renda e cadarços
brancos de algodão numa camisa de morim, um paletó
de fustão branco, outro de seda verde, dois panos, um de
algodão, outro de linho, dois cueiros, um de merino, outro
do [*] de seda encarnado, uma tira de chita e morim
azul e branco e céu embrulhado numa toalha branca
de morim guarnecida de renda. Este menino a mãe e o pai
desejam que lhe ponham o nome de Antônio para a todo tempo
que se possa ir buscar pelo nome e sinais que leva
se for vivo.
Maria, C.A.C. [62]

---

[61] **Suporte material:** papel sem pauta. **Composição:** escrito manuscrito somente na frente, formato retangular; A: 28cm, L: 20cm. **Organização da página:** folha avulsa, 7 linhas escritas. **Particularidades:** há três iniciais como assinatura. **Conteúdo:** o texto informa que a criança deve ser chamada de Felicíssimo e será retirada em um ano.

[62] **Suporte material:** papel sem pauta. **Composição:** escrito manuscrito somente na frente, formato retangular; A: 28cm, L: 21cm. **Organização da página:** folha avulsa, 14 linhas escritas. **Particularidades:** há três iniciais como assinatura. **Conteúdo:** o texto informa que a criança deve ser chamada de Antônio e que será retirada, se estiver viva, mediante os sinais mencionados que a acompanham.

ESCRITO 38 — SANTA CASA DE MISERICÓRDIA DO RIO DE JANEIRO — 1858

Pede-se o favor que o recém-presente seja
batizado com o nome de Martinho
da Rosa, o qual chegou à luz no dia de
hoje, pelas 5 e 1/4 da tarde. Este menino
espero ir procurá-lo como pai que sou.
Rio de Janeiro, 4 de setembro de 1858.
R.G.[63]

ESCRITO 39 — SANTA CASA DE MISERICÓRDIA DO RIO DE JANEIRO — 1858

Poderosos motivos obrigam a abandonar esta menina, Deus sabe até quando...
Pede-se para que esta se chame
Isabel, e que lhe conservem sempre
ao pesçoço a medalha que leva,
dentro da qual existe o sinal do
seu reconhecimento, quando for
reclamada; e que a pessoa que
a reclamar apresentará uma carta de igual teor desta. Obrigan-
do-nos por toda a despesa que tiver feito em sua criação.
De vossos caritativos corações e em
nome de Deus, se ousa esperar esta esmola; do que se confessa grato. O
2 de novembro de 1858. M. J. da S.P.
Nasceu em 17 de agosto, não é batizada.[64]

---

63   **Suporte material:** papel sem pauta. **Composição:** escrito manuscrito somente na frente, na metade inferior do papel; formato retangular; A: 27cm, L: 20cm. **Organização da página:** folha avulsa, 7 linhas escritas. **Particularidades:** há duas iniciais como assinatura. **Conteúdo:** o texto informa data e hora de nascimento da criança, que não está batizada e seu nome deve ser Martinho da Rosa. Afirma que talvez seja retirada.

64   **Suporte material:** papel sem pauta. **Composição:** escrito manuscrito somente na frente, formato retangular; A: 21cm, L: 22,5cm. **Organização da página:** folha avulsa, 18 linhas escritas. **Particularidades:** há quatro iniciais como assinatura. **Conteúdo:** o texto informa a data de nascimento da criança, que não está batizada e deve ser chamada de Isabel. Solicita que a criança sempre porte a medalha que a acompanha como sinal.

ESCRITO 40 — SANTA CASA DA MISERICÓRDIA DO RIO DE JANEIRO — 1858

Roga-se a Ilustríssima Administração
deste asilo conservar esta criança: nascida hoje, 2 de novembro de 1858, porque em qualquer
tempo os pais pretendem recla-
má-la; deseja a mãe que se
chame Vitorino: e com um
papel igual a este, se há de
apresentar quem o for reclamar.[65]

ESCRITO 41 — SANTA CASA DA MISERICÓRDIA DO RIO DE JANEIRO — 1858

Homenagem pedida!
A portadora vai sem ser batizada
o que lhe implora esta graça de que
ela for batizada ser com o nome
de Ludovina Pereira dos Prazeres, o que
fica arquivado todos os sinais.
Um pedido de um sem
parente.
Rio de Janeiro, 17 de dezembro 1858.
Antonio Pereira Costa Santos[66]

---

65 **Suporte material**: papel sem pauta. **Composição**: escrito manuscrito somente na frente, formato retangular; A: 20cm, L: 21cm. **Organização da página**: folha avulsa, 9 linhas escritas. **Particularidades**: não há assinatura. **Conteúdo**: o texto informa data de nascimento da criança e que ela deve ser chamada de Vitorino. Informa ainda que será retirada mediante entrega de cópia do escrito.

66 **Suporte material**: papel sem pauta. **Composição**: escrito manuscrito somente na frente, formato retangular; A: 27cm, L: 19cm. **Organização da página**: folha avulsa, 10 linhas escritas. **Particularidades**: há assinatura. **Conteúdo**: o texto informa que a criança não está batizada e deve ser chamada Ludovina Pereira dos Prazeres. Afirma ainda que deve permanecer com os sinais com ela deixados.

ESCRITO 42 — SANTA CASA DE MISERICÓRDIA DO RIO DE JANEIRO — 1858

Rio de Janeiro, 31 de dezembro de 1858.
Aqui fica esta inocente, nasceu no dia quinta feira, 16 de dezembro de 1858, pelas cinco horas da tarde, ainda está por batizar, peço a Vossas Senhorias
o caridoso obséquio de a mandar batizar e
por-lhe o nome de Josefa; que é para a todo tempo seus pais irem buscá-la e pagar todas as despesas que houver feitas com a dita menina.
O Incógnito[67]

ESCRITO 43 — SANTA CASA DE MISERICÓRDIA DO RIO DE JANEIRO — 1880

Esta menina nasceu no dia
de janeiro de 1880. Não está
batizada, pede-se para lhe
por o nome Adelina.
Foi botada à roda no dia
primeiro de março, de noite,
levando de sinal uma fita
azul marinho...[68]

---

67 **Suporte material**: papel pautado. **Composição**: escrito manuscrito somente na frente, formato retangular; A: 26cm, L: 19cm. 7. **Organização da página**: folha avulsa, 9 linhas escritas. 8. **Particularidades**: após o texto há o número 494, registrado tardiamente com outra caneta. Tem como assinatura as palavras: "O incógnito". Recorte no canto direito superior do papel. 9. **Conteúdo**: o texto informa data e hora do nascimento da criança, que não está batizada e deve ser chamada de Josefa. Afirma ainda que será retirada.

68 **Suporte material**: papel pautado. **Composição**: escrito manuscrito somente na frente, formato retangular; A: 19cm, L: 21cm. **Organização da página**: folha avulsa, 8 linhas escritas. **Particularidades**: escrito acompanha sinal: uma fita azul marinho colada horizontalmente abaixo do texto. Não há assinatura. **Conteúdo**: o texto informa data e local de nascimento da criança, que não está batizada e seu nome deve ser Adelina. Informa ainda que leva como sinal uma fita azul marinho. Não foi possível ler o dia de nascimento devido à forma que o escrito foi encadernado.

ESCRITO 44 — SANTA CASA DE MISERICÓRDIA DO RIO DE JANEIRO — 1880

Dia 14 de Janeiro de 1880.
Senhora Regente,
Peço-lhe encarecidamente o favor de
olhar para este inocente, pois que
não tenho posses suficientes para
o criar, então recorro a este asilo de
caridade para que o trate com todo
o desvelo de uma mãe. Nascido ontem,
dia 13, às 11 horas da noite, é irmão
de um outro que aí está, que foi
para aí no dia 30 de janeiro de 1878.
Quando batizar bote-lhe o nome de
Hilário.
Sua criada.[69]

ESCRITO 45 — SANTA CASA DE MISERICÓRDIA DO RIO DE JANEIRO — 1858

Esta criança nasceu no
dia 28 de Fevereiro de 1880.
Deve se chamar Maria.
Tenha a bondade de guardar
este sinal, por favor, em todo
tempo esta criança há de
ser procurada.[70]

---

69 **Suporte material**: papel sem pauta. **Composição**: escrito manuscrito somente na frente, formato retangular; A: 29cm, L: 17cm. **Organização da página**: folha avulsa, 14 linhas escritas. **Particularidades**: há como assinatura as palvras: "Sua criada". **Conteúdo**: o texto informa data e hora de nascimento da criança, que não está batizada e seu nome deve ser Hilário. Afirma ainda que seu irmão foi entregue à roda dois anos antes.

70 **Suporte material**: papel sem pauta. **Composição**: escrito manuscrito somente na frente, formato retangular; A: 20cm, L: 21cm. **Organização da página**: folha avulsa, 7 linhas escritas. **Particularidades**: não há assinatura. **Conteúdo**: o texto informa a data de nascimento da criança e que deve ser chamada de Maria. Solicita que guardem o escrito, pois será retirada mediante a menção do mesmo.

ESCRITO 46 — SANTA CASA DE MISERICÓRDIA DO RIO DE JANEIRO — 1880

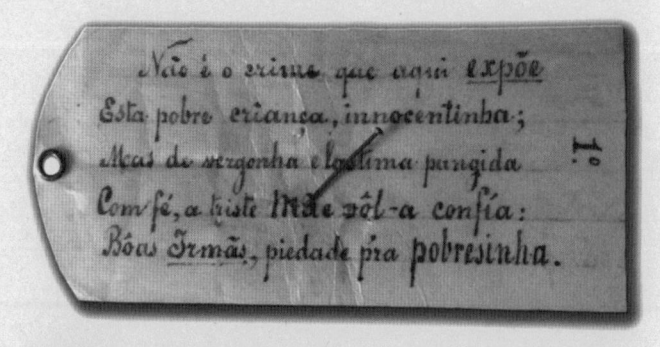

Não é o crime que aqui expõe
Esta pobre criança, inocentinha;
Mas de vergonha e lástima pungida
Com fé, a triste mãe vô-la confia:
Boas Irmãs, piedade pra pobrezinha.

"Deodato"
Na Pia seja-lhe este nome dado,
que bem exprime sua situação;
à Santa Misericórdia confiado
não faltará ao infeliz proteção.[71]

---

71 **Suporte material**: papel, com pautas feitas à mão. **Composição**: escrito manuscrito frente e verso, formato retangular; com um dos cantos arredondados semelhante a uma etiqueta, com um ilhó A: 5cm, L: 10,5cm. **Organização da página**: folha avulsa, 5 linhas escritas na frente da folha e 5 linhas escritas no verso. **Particularidades**: escrito em versos; o formato do suporte da escrita é uma etiqueta. Não há assinatura. Alfinete perspassado ao escrito. **Conteúdo**: o texto informa a data de nascimento da criança e que seu nome deve ser Deodato.

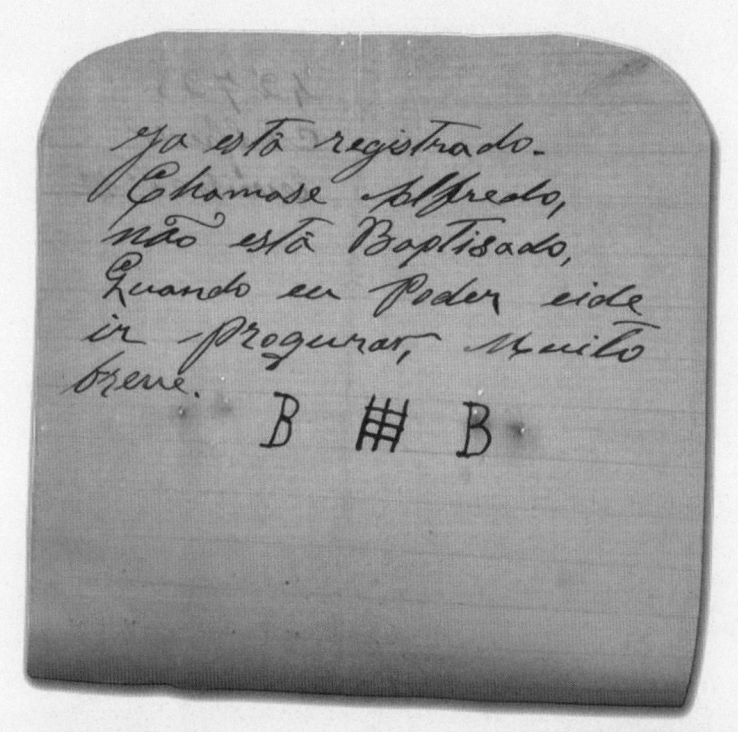

ESCRITO 47 — SANTA CASA DE MISERICÓRDIA DO RIO DE JANEIRO — 1880

Já está registrado.
Chama-se Alfredo,
não está batizado.
Quando eu puder hei de
ir procurar muito
breve.
B # B[72]

---

72 **Suporte material**: papel pautado. **Composição**: escrito manuscrito somente na frente, formato quadrado com os cantos superiores arredondados; A: 10cm, L: 11cm. **Organização da página**: folha avulsa, 7 linhas escritas. **Particularidades**: inscrito no verso, outra caneta: "42728|Alfredo|Escrito N. 1o". Como assinatura, há duas as iniciais intercaladas por sustenido: "B # B". **Conteúdo**: O texto informa que a criança foi registrada, mas não está batizada e que se chama Alfredo.

ESCRITO 48 — SANTA CASA DE MISERICÓRDIA DO RIO DE JANEIRO — 1901

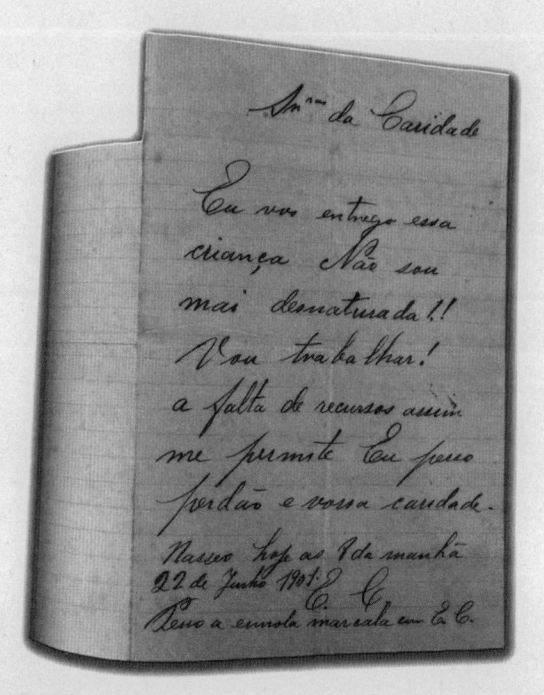

Senhoras da Caridade,
Eu vos entrego essa
criança. Não sou
mãe desnaturada!!
Vou trabalhar!
A falta de recursos assim
me permite. Eu peço
perdão e vossa caridade.
Nasceu hoje às 8 h da manhã,
22 de junho de 1901.
E. C.
Peço a esmola de marcá-la com E. C.[73]

---

73 **Suporte material**: papel pautado. **Composição**: escrito manuscrito somente na frente, formato retangular; recorte tardio no canto superior esquerdo; A: 24cm, L: 20cm. **Organização da página**: folha avulsa, 12 linhas escritas. **Particularidades**: há duas iniciais como assinatura. **Conteúdo**: o texto informa data e hora do nascimento da criança e solicita que ela seja marcada com as iniciais "E. C."

ESCRITO 49 – SANTA CASA DE MISERICÓRDIA DO RIO DE JANEIRO – 1903

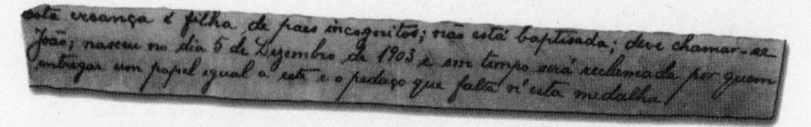

Esta criança é filha de pais incoógnitos; não está batizada; deve chamar-se João; nasceu no dia 5 de dezembro de 1903 e em tempo será reclamada por quem

entregar um papel igual a este e o pedaço que falta nesta medalha.[74]

ESCRITO 50 – SANTA CASA DE MISERICÓRDIA DO RIO DE JANEIRO – 1903

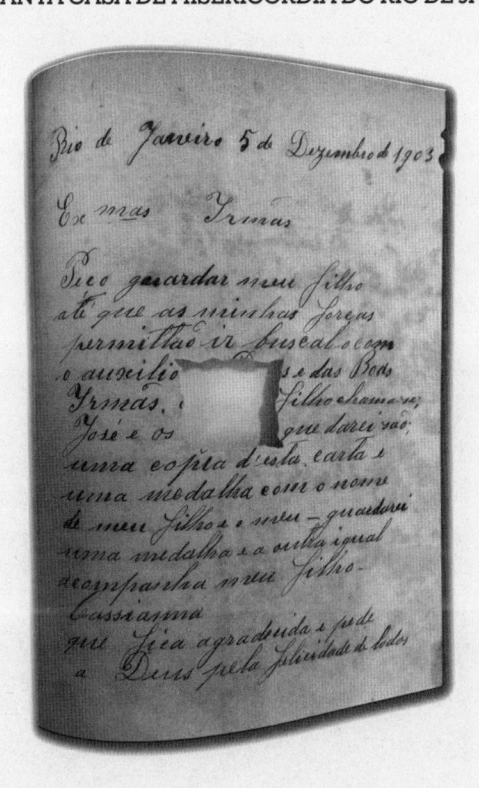

---

[74] **Suporte material**: papel sem pauta. **Composição**: escrito manuscrito somente na frente, em formato de tira; A: 1,5cm, L: 15cm. **Organização da página**: folha avulsa, três linhas escritas. **Particularidades**: escrito em formato muito pequeno e estreito. Não há assinatura. No verso há a inscrição tardia com o número e nome do exposto. **Conteúdo**: o texto informa a data de nascimento da criança e que deve ser chamada de João. Afirma que será retirada mediante apresentação de cópia do escrito e do pedaço que falta na medalha que acompanha a criança.

Rio de Janeiro, 5 de dezembro de 1903.
Excelentíssimas Irmãs,
Peço guardar meu filho
até que as minhas forças
permitam ir buscá-lo com
o auxílio [rasgado] e das boas
Irmãs. [rasgado] filho chama-se
José e os [rasgado] que darei são:
uma cópia desta carta e
uma medalha com o nome
de meu filho e o meu — guardarei
uma medalha e a outra igual
acompanha meu filho.
Cassianna
que fica agradecida e pede
a Deus pela felicidade de todos.[75]

ESCRITO 51 — SANTA CASA DE MISERICÓRDIA DO RIO DE JANEIRO — 1955

---

[75] **Suporte material:** papel sem pauta. **Composição:** escrito manuscrito somente na frente, formato retangular; A: 24cm, L: 19cm. **Organização da página:** folha avulsa, 16 linhas escritas. **Particularidades:** recorte quadrado com bordas irregulares no centro do escrito. Está assinado como "Cassiana". **Conteúdo:** o texto informa que o nome da criança é José e que se possível ela será retirada.

Deixo esta criança para ser dada.
Nasceu a 13 de junho de 1955.
Não está registrada nem batizada.
Jacinta dos Santos
27 de junho de 1955.[76]

ESCRITO 52 — SANTA CASA DA MISERICÓRDIA DE SÃO PAULO — 1917

Já foi batizado, chama-se
Vicente. Ponho meu filho na
roda por motivo de miséria.
Se algum dia Deus me ajudar
que eu possa o sustentar virei
buscar.
Peço a caridade de guardar
este papel.
São Paulo, 19/07/1917.[77]

ESCRITO 53 — SANTA CASA DE MISERICÓRDIA DE SÃO PAULO — 1920

Carlos Pena
Nascido a 21 de setembro de 1920.
Já foi batizado. Pede-se a caridade de conservar como relíquia sagrada
a correntinha com a medalha
da Virgem da Conceição
no pescocinho, que é cuprimento
de uma promessa.
São Paulo, 17 de outubro de 1920.[78]

---

76 **Suporte material:** papel sem pauta. **Composição:** escrito manuscrito somente na frente, formato quadrado; A: 12cm, L: 19cm. **Organização da página:** folha avulsa, 5 linhas escritas. **Particularidades:** no topo do escrito há a anotação tardia do número do exposto. Há uma assinatura legível. **Conteúdo:** o escrito informa a data de nascimento da criança, que ela não está batizada nem registrada e pode ser dada.

77 **Suporte material:** papel sem pauta. **Composição:** escrito manuscrito somente na frente, formato retangular; A: 10cm, L: 13cm. **Organização da página:** folha avulsa, 9 linhas escritas. **Particularidades:** não há assinatura. Dobra em forma de "orelha" na parte superior direita. **Conteúdo:** o escrito informa que a criança já foi batizada, que chama-se Vicente e, se for possível, será retirada.

78 **Suporte material:** papel sem pauta. **Composição:** escrito manuscrito somente na frente, formato retangular; A: 24cm, L: 19cm. **Organização da página:** folha avulsa, 9 linhas escritas. **Particularidades:** não há assinatura. **Conteúdo:** o texto informa a data de nascimento da criança e que já está batizada. Solicita que se conserve como relíquia a medalha da Virgem da Conceição no pescoço da criança, como cumprimento de uma promessa.

ESCRITO 54 — SANTA CASA DE MISERICÓRDIA DE SÃO PAULO — 1921

Esta criança cha-
ma-se Isabel de Jesus.
Filha de Benedita de Jesus,
nascida a 5 de dezembro
de 1921.
E ainda não foi bati-
zada.
14/12/1921.
Dulce[79]

ESCRITO 55 — SANTA CASA DE MISERICÓRDIA DE SÃO PAULO — 1922

São Paulo, 21-2-1922.
Dor de Mãe
Filho, não posso agasalhar-te a vida,
parece que a vida se me vai finar.
Quem te pudesse, a ti, serafim
levar junto a mim para a campa final.

À campa eu vou depois da morte.
Quem sabe a sorte que minha alma tem,
que anseios, filho, que amor profundo.
Vai neste mundo a vida de tua mãe

A todos perdão que me deram tratos
Raça de ingratos, ingratidão sem fim.
Não choro os dias que eu sonhei serenos
A sepultura ao menos a tudo dará fim.

---

79 **Suporte material:** papel pautado. **Composição:** escrito manuscrito somente na frente, formato retangular; A: 13cm, L: 12cm. **Organização da página:** folha avulsa, 9 linhas escritas. **Particularidades:** há assinatura legível. **Conteúdo:** o texto informa data de nascimento da criança, que não está batizada e seu nome é Isabel de Jesus.

Se tu morreres,
Vai, filho, os anjos te recebam lindos
E guarda os segredos que me ouvis daqui.
E se avistares do Senhor a sede
Por mim lhe pede que eu também morri.
Se morrer-
mos sem
nos vermos
mais, que
Deus nos
junte nos Céus.
Adeus,
meu filho,
pede a
Deus por
mim.
Adeus.

Vai, filho, aos anjos que te deram seus cantos
por estes prantos os meus olhos têm.
E se em mim perdes maternal ternura,
a Virgem pura que te seja mãe.

Teu pai rogado por inglória senda
que vida horrenda viverá também.
Sem o destino nosso, mais puder saber.
Se foi morrer, seu filho e tua mãe.

Se eu morrer te deixarei somente
meu beijo ardente o derradeiro adeus.
São os tesouros que eu para ti contenho,
nada mais tendo que oferecer-te os Céus.
        Fim

Pelas chagas de Cristo lhe peço guardarem este papel junto com o meu filho que eu, se Deus
me der vida e saúde daqui alguns meses darei
o que eu puder para encontrar meu filho.
Peço não o darem sem que levem
uma carta igual a esta e o retrato também.[80]

ESCRITO 56 — SANTA CASA DA MISERICÓRDIA DE SÃO PAULO — 1922

São Paulo, 30 de maio de 1922.
Faço saber que este nasceu no dia
8 de janeiro de 1922.
É filha de Maria de Paula, com
Antônio S. Lima, ele já falecido no
dia 20 de maio de 1922, com a idade
de 17 anos. Ela vive, com a idade
de 19 anos, ambos brasileiros.
Ela foi registrada pelo nome de
Olívia de S. Lima, apelido Glória.[81]

---

80 **Suporte material**: papel pautado. **Composição**: escrito manuscrito somente na frente, formato retangular; A: 22cm, L: 17cm. **Organização da página**: folha avulsa, 19 linhas escritas na frente da folha e 31 linhas escritas no verso. **Particularidades**: há uma escrita no cabeçalho da folha em diagonal, apresenta carimbo do Museu da Santa Casa de Misericórdia de São Paulo. O texto é organizado em forma de poema. Não há assinatura. As duas folhas que compõem esse escrito estão totalmente amassadas. **Conteúdo**: o texto informa que se for possível a criança será retirada. Solicita que a criança seja entregue apenas a quem apresentar cópia do escrito.

81 **Suporte material**: papel pautado. **Composição**: escrito manuscrito somente na frente, formato retangular; A: 10cm, L: 13cm. **Organização da página**: folha avulsa, 10 linhas escritas. **Particularidades**: não há assinatura. **Conteúdo**: o texto informa a data de nascimento da criança, o nome dos pais e que foi registrada com o nome de Olívia de S. Lima e seu apelido é Glória.

ESCRITO 57 — SANTA CASA DE MISERICÓRDIA DE SÃO PAULO — 1922

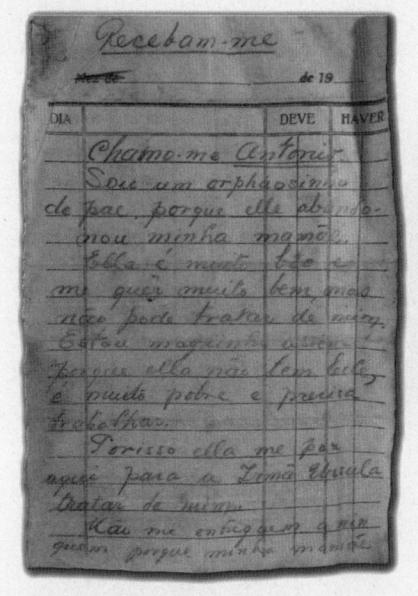

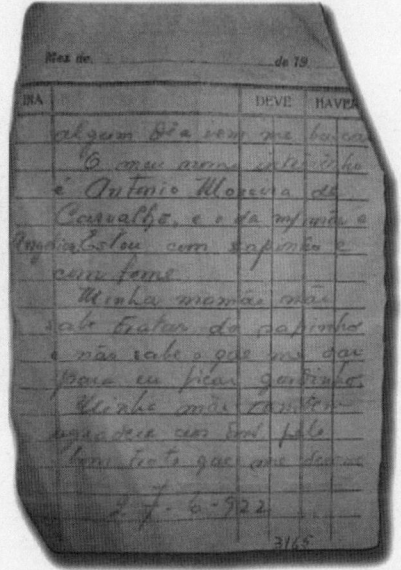

Recebam-me.
Chamo-me Antônio.
Sou um órfãozinho
de pai, porque ele abando-
nou minha mamãe.
Ela é muito boa e
me quer muito bem, mas
não pode tratar de mim.
Estou magrinho assim
porque ela não tem leite,
é muito pobre e precisa
trabalhar.
Por isso ela me pôs
aqui para a Irmã Úrsula
tratar de mim.
Não me entreguem a nin-
guém porque minha mamãe
algum dia vem me buscar.

O meu nome inteirinho
é Antônio Moreira de
Carvalho e o da minha mãe é
Angélica. Estou com sapinho e
com fome.
Minha mamãe não
sabe tratar do sapinho
e não sabe o que me dar
para eu ficar gordinho.
Minha mãe também
agradece aos Senhores pelo
bom trato que me derem.
27-6-922[82]

ESCRITO 58 — SANTA CASA DE MISERICÓRIDA DE SÃO PAULO — 1922

---

[82] **Suporte material**: papel com impressões de página de livro caixa. **Composição**: escrito manuscrito frente e verso, formato retangular; A: 24cm, L: 20cm. **Organização da página**: folha avulsa, 17 linhas escritas na frente da folha e 14 no verso. **Particularidades**: redigido em folha de livro caixa (deveres/haveres). Ao final do escrito há o número de registro do exposto, redigido por outro punho e instrumento de escrita. Não há assinatura. **Conteúdo**: o texto informa que o nome da criança é Antônio Moreira de Carvalho. Informa também que é órfã de pai, que sua mãe se chama Angélica e algum dia irá retirá-la.

Ainda não está
batizado. Peço darem
por padrinho o
Sagrado Coração de Jesus.[83]

ESCRITO 59 — SANTA CASA DE MISERICÓRDIA DE SÃO PAULO — 1923

Irmã Superiora,
Esta criança não
está batizada, e pe-
ço batizar com o
nome de Maria He-
lena, sendo padrinhos
o Coração de Jesus e Nossa Senhora das Graças. Peço
ele também não dar
ela a ninguém, que
será tirada dentro
de um ano daí.
Peço também nunca
tirar esta medalha
do pescoço dela.
Ela foi nascida
a 5 de janeiro de
1923. Peço conver-
sar com a muita
digna Superiora do
Asilo dos Expostos
que ela lhe conta-
rá o assunto des-

---

[83] **Suporte material**: papel de seda, sem pautas impressas. **Composição**: escrito manuscrito somente na frente, formato retangular pequeno; A: 5cm, L: 10cm. **Organização da página**: folha avulsa, 4 linhas escritas. **Particularidades**: o escrito foi entregue com uma foto e um santinho do Sagrado Coração de Jesus. Não há assinatura. **Conteúdo**: o texto informa que a criança não está batizada e solicita que tenha por padrinho o Sagrado Coração de Jesus.

sa triste criancinha.
Peço ter bem a cari-
dade com a crian-
cinha, que de vez em quan-
do espero visitá-lo.
Da agradecida
Serva.
C.[84]

ESCRITO 60 — SANTA CASA DE MISERICÓRDIA DE SÃO PAULO — 1923

São Paulo, 4-10-923.
Encontrando-me eu há muito tempo
doente, e agora por minha infelici-
dade, dei à luz duas crianças.
Vejo-me desamparada e sem recursos para o meu alimento, e nem para
o das crianças, pois tenho mais três
filhinhos pequenos, tendo o mais velho
sete anos. Peço pois às Digníssimas Irmãs,
terem compaixão desta inocente, se
minha sorte for melhor para o futuro,
eu reconhecerei Às boas irmãs de caridade.
Sem mais recebam cumprimentos de
um pai e mãe que se veem aflitos
de dor e sem recursos.[85]

---

[84] **Suporte material:** papel pautado. **Composição:** escrito manuscrito frente e verso, formato retangular; A: 13cm, L: 12cm. **Organização da página:** folha avulsa, 16 linhas escritas na frente e 15 no verso. **Particula-ridades:** escrito digirido à Irmã Superiora por alguém que parecia a conhecer. Como assinatura há a palavra: Serva. Orelha no canto superior direito, rasgo acidental tardio no canto inferior esquerdo. **Conteúdo:** o texto informa a data de nascimento da criança, que não está batizada, mas seu nome deverá Maria Helena. Solicita ainda que não retirem a medalha que acompanha a criança e que ela será reclamada dentro de um ano.

[85] **Suporte material:** papel pautado. **Composição:** escrito manuscrito somente na frente, formato retangular; A: 15cm, L: 21cm. **Organização da página:** folha avulsa, 16 linhas escritas. **Particularidades:** não há assinatura. **Conteúdo:** o texto faz apenas uma referência à criança, pedindo compaixão por ela, e explana sobre a situação de miséria da mãe.

CAPÍTULO III
ANÁLISE FILOLÓGICA DOS ESCRITOS

Para este estudo consideramos a clássica explicação de Segismundo Spina, que define a atividade filológica com três funções inter-relacionadas:

> 1ª) Função substantiva, em que ela se concentra no texto para explicá-lo, restituí-lo à sua forma genuína e prepará-lo tecnicamente para publicação; 2ª) Função adjetiva, em que ela deduz o texto, aquilo que não está nele: a determinação de autoria, a biografia do autor, a datação do texto, a sua posição na produção literária do autor e da época, bem como a sua avaliação estética (valorização); 3ª) Função transcendente, em que o texto deixa de ser um fim em si mesmo da tarefa filológica, para se transformar num instrumento que permite ao filólogo reconstituir a vida espiritual de um povo ou de uma comunidade em determinada época (SPINA, 1977, p. 77).

As funções substantiva, adjetiva e transcendente explicadas acima não são examinadas isoladamente neste estudo, pois estão ligadas umas às outras. As características formais do documento são determinadas pelas circunstâncias de sua elaboração, pelo grau de cultura daqueles que os redigem, pelos meios de que dispõem para elaborá-los e pelo teor daquilo que necessitam registrar

(TESSIER, 1952, p. 14). Tendo isto em vista, procederemos a uma análise diplomática dos escritos da roda, considerando que a crítica diplomática parte da forma do documento para o ato iniciado ou referido pelo documento. Portanto, o procedimento explicitado por Luciana Duranti (1989, p. 13) é valioso para explicar nossa abordagem dos escritos da roda: "a análise tem por objetivo compreender o contexto jurídico e administrativo no qual os documentos que estão sendo examinados foram criados" e "reflete uma progressão sistemática do específico para o geral"[86,87]. Como ensina Tessier (1952, p. 12-13), a Diplomática é a disciplina que se se ocupa da descrição e explicação da estrutura formal dos atos escritos[88].

A análise será feita por meio do estudo dos elementos extrínsecos e intrínsecos dos escritos do *corpus*.

---

[86] "this analysys aims at understanding the juridical, administrative (...) context in which the documents under examination were created" (...) and reflects a systematic progression from the specific to the general".

[87] Nosso pressuposto é de que os escritos das rodas, apesar de não serem documentos que passavam por uma chancelaria ou que tivessem um modelo a ser seguido, podem ser considerados atos jurídicos (o que caracteriza um documento diplomático), pois são uma forma de transmitir a vontade do autor (seja material ou intelectual) e de transferir os direitos e responsabilidades dos progenitores ou responsáveis pela criança para a Roda dos Expostos.

[88] Nous dirons donc que l'objet de la diplomatique est la description et l'explication de la forme des actes écrits. Elle ne se contentara pas d'un simple relevé, mais s'appliquera à rendre raison de toutes les modifications intervenues dans les caractères des actes et déterminées par les circonstances de leur élaboration, par la qualité du personnel chargé de les rédiger et de les écrire, par les modèles que rédacteurs et écrivains pouvaient avoir sous les yeux, par la nature des dispositions qu'il s'agissait de consigner et à parler en général par le degré de culture du milieu dans lequel les actes ont été élaborés, en sorte que la production diplomatique d'une société est dans une certaine mesure le reflet de sa civilisation (Tessier, 1952, p. 13).

ELEMENTOS EXTRÍNSECOS

Elementos extrínsecos de um documento são aqueles que constituem sua composição material e sua aparência externa (DURANTI, 1991, p. 6). A autora sumariza os elementos extrínsecos da forma documental[89]:

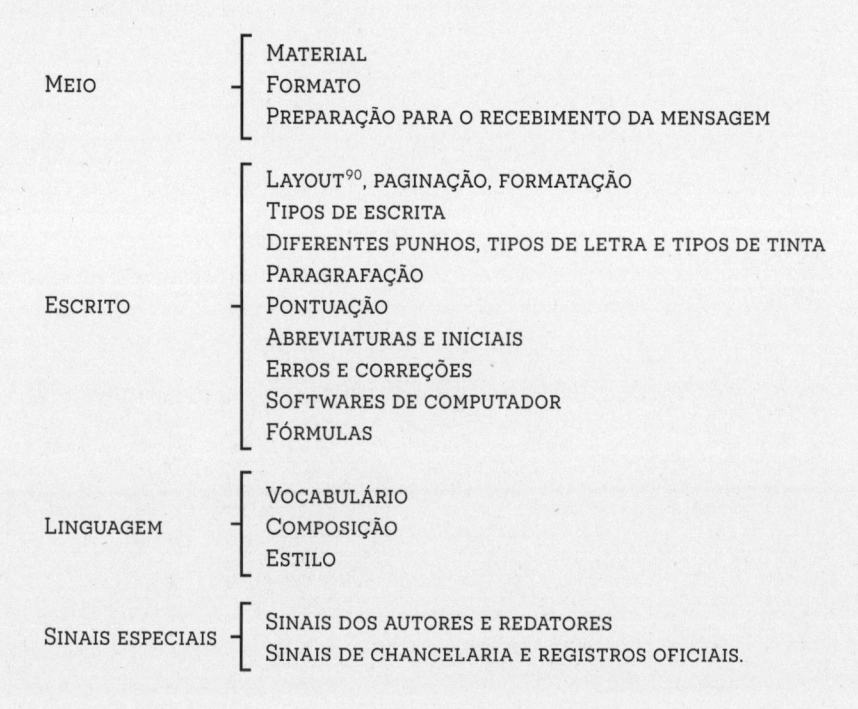

Meio	Material Formato Preparação para o recebimento da mensagem
Escrito	Layout[90], paginação, formatação Tipos de escrita Diferentes punhos, tipos de letra e tipos de tinta Paragrafação Pontuação Abreviaturas e iniciais Erros e correções Softwares de computador Fórmulas
Linguagem	Vocabulário Composição Estilo
Sinais especiais	Sinais dos autores e redatores Sinais de chancelaria e registros oficiais.

Os elementos extrínsecos analisados nos escritos de nosso *corpus* serão a composição do suporte material e seu formato, os elementos anexados ao suporte e os acréscimos ao texto. Cada um desses elementos será explicado e examinado a seguir.

---

89 Esquema adaptado de Duranti (1991, p. 6).
90 Termo utilizado por Duranti (1991, p. 6).

COMPOSIÇÃO DO SUPORTE

O primeiro elemento extrínseco a se considerar é o meio, isto é, o material que carrega a mensagem. Tradicionalmente, identificar a composição do suporte da escrita era essencial para que os diplomatistas pudessem datar, estabelecer a proveniência e testar a autenticidade dos manuscritos. No entanto, com o passar do tempo, muito dessa relevância perdeu-se com o advento da fabricação industrial mecanizada do papel e com a diversidade de material à disposição. Estabelecemos como suporte padrão de nossos manuscritos o papel branco ou amarelado pela ação do tempo, liso e sem pauta, pois constituem a maioria dos escritos estudados. A seguir, apresentaremos um quadro com os escritos que apresentam variação desse padrão.

QUADRO 6 - VARIAÇÃO NA COMPOSIÇÃO DO SUPORTE DE ESCRITA

ESCRITO	DESCRIÇÃO DOS SUPORTES MATERIAIS DOS ESCRITOS — VARIÇÃO DO PADRÃO
Escrito 4	Papel azul claro sem pauta (textura semelhante ao papel vergê)
Escrito 11	Papel azul claro sem pauta (textura semelhante ao papel vergê)
Escrito 13	Papel azul claro sem pauta (textura semelhante ao papel vergê)
Escrito 14	Papel branco pautado
Escrito 16	Papel branco pautado
Escrito 15	Papel branco pautado
Escrito 19	Papel branco pautado
Escrito 20	Papel branco pautado
Escrito 21	Papel amarelo sem pauta (espesso, liso, semelhante a papel-cartão)
Escrito 22	Papel branco pautado
Escrito 23	Papel branco pautado
Escrito 24	Papel amarelo sem pauta (espesso, liso, semelhante a papel-cartão)
Escrito 25	Papel branco pautado
Escrito 26	Papel branco sem pauta de seda

Escrito 42	Papel branco pautado
Escrito 43	Papel branco pautado
Escrito 45	Papel branco pautado
Escrito 46	Papel amarelo pautado (pauta feita à mão)
Escrito 47	Papel branco pautado
Escrito 48	Papel branco pautado
Escrito 53	Papel branco pautado
Escrito 54	Papel branco pautado
Escrito 55	Papel branco pautado
Escrito 56	Papel branco pautado
Escrito 57	Papel branco pautado (folha de livro-caixa)
Escrito 58	Papel branco sem pauta de seda
Escrito 59	Papel branco pautado
Escrito 60	Papel branco pautado

Pelo levantamento apresentado acima, notamos que a diversidade da composição do suporte da escrita comprova-se, quer pelo advento da fabricação de papel, que possibilitou a produção de folhas com pautas e diferentes cores e texturas, quer por escolha deliberada por parte do autor do escrito, como ocorre na utilização da folha de livro-caixa (escrito 57), de um pedaço de papel de seda (escrito 58) ou de um papel com pautas inseridas à mão (escrito 46).

Podemos verificar também que as variações na composição do suporte relacionam-se com a data cronológica do escrito. Quanto mais recentes forem os escritos, maior será a variedade de suportes. Esse fenômeno pode ser verificado no gráfico[91] a seguir:

---

[91] Com o objetivo de avaliar características específicas dos escritos da roda, mostraremos algumas estatísticas relacionadas a cada meio século. Estas consideram 100% o total de escritos de cada meio século, para extrair o percentual relativo a cada característica analisada.

GRÁFICO 1 — VARIAÇÃO DA COMPOSIÇÃO DO SUPORTE DE ESCRITA

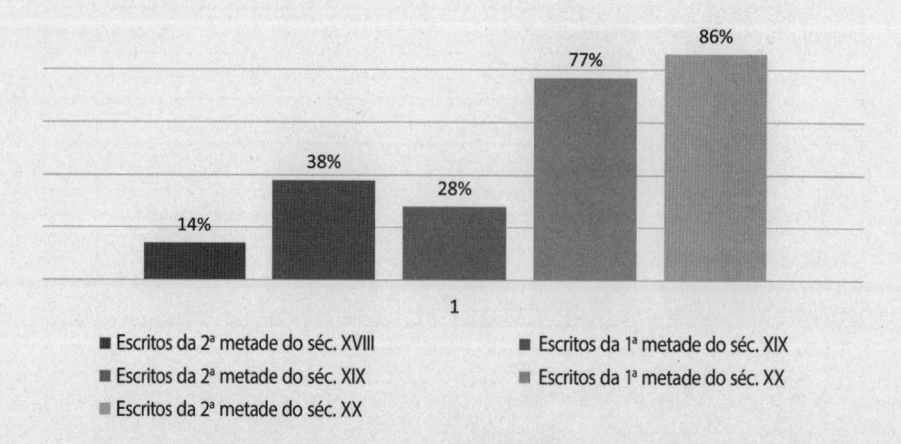

- Escritos da 2ª metade do séc. XVIII
- Escritos da 2ª metade do séc. XIX
- Escritos da 2ª metade do séc. XX
- Escritos da 1ª metade do séc. XIX
- Escritos da 1ª metade do séc. XX

Na segunda metade do século XVIII, observamos que apenas 14% dos escritos analisados apresentam variação na composição do suporte. Na primeira metade do século XIX, em 38% dos escritos analisados ocorreram variação do suporte. Na segunda metade do século XIX, essa variação é de 28%. No século XX, a proporção dos escritos que apresenta variação do suporte aumenta substancialmente, atingindo 77% na primeira metade do século e 86% na segunda metade do século.

FORMATO DO SUPORTE

Durante nossa pesquisa, consultamos aproximadamente oitocentos manuscritos da roda, o que nos permite afirmar que o formato retangular ou quadrado é o que predomina. Portanto, consideramos que o formato padrão de nosso *corpus* é retangular ou quadrado. A análise desse aspecto é relevante, uma vez que as variações no suporte podem ter sido elaboradas de forma intencional pelo autor do escrito para caracterizar um sinal. Isto é, o autor pode optar por executar alterações no formato do suporte de seu escrito para torná-lo único, diferenciando-o de qualquer outro escrito que desse entrada na roda.

A seguir, os dados do quadro relacionam os escritos com variação do formato padrão.

Quadro 7 - Variação do formato do suporte de escrita

Escrito	Descrição dos diferentes formatos dos escritos
Escrito 3	Recorte irregular do papel na margem inferior.
Escrito 4	Suporte em formato triangular, recorte oblíquo com uma saliência na parte central.
Escrito 5	Recorte irregular do papel na margem inferior.
Escrito 7	Recorte irregular do papel na margem esquerda.
Escrito 8	Recorte irregular do papel na margem inferior.
Escrito 14	Suporte com formato retangular de pequena dimensão.
Escrito 15	Recorte irregular do papel na margem esquerda*.
Escrito 25	Recortes dentados do papel na margem superior esquerda e na margem direita.
Escrito 27	Suporte em formato triangular, recorte oblíquo irregular em uma das margens.
Escrito 30	Recorte grande em forma de triângulo na margem direita do papel.
Escrito 42	Recorte na margem direita superior.
Escrito 46	Suporte com formato de pequeno retângulo com um dos lados arredondado, semelhante a uma etiqueta.
Escrito 47	Formato quadrado com as margens superiores arredondadas.
Escrito 49	Suporte em formato de tira.
Escrito 50	Recorte quadrado com bordas irregulares na parte central do escrito.
Escrito 58	Suporte com formato retangular de pequena dimensão.

* Esse tipo de recorte nos remete ao corte dentado em documento do século XIII.
Acesse: http://academia.gal/destaque-documento/-/asset_publisher/d4TP/content/carta-partida.

Observa-se que um número significativo de escritos do *corpus* apresenta variações no formato (16 escritos de um total de 60, ou seja, 27%). Entre as variações mais frequentes estão aquelas relacionadas a recortes nas bordas do papel, seja nos lados ou nas margens superiores ou inferiores. A maior parte dos recortes tem formas sinuosas, enquanto alguns poucos mostram linhas angulosas. O escrito 30 possui um recorte grande em forma de triângulo na parte direita do papel, o que sugere uma produção intencional por parte do autor do escrito. O escrito 50 mostra um recorte quadrado com bordas irregulares na parte central do escrito, o que lhe confere grande singularidade. Tal característica nos sugere ter sido produzida intencionalmente pelo autor do escrito.

Outra variação que constatamos foi a presença de escritos com uma forma ou dimensão não usual. O escrito 49, por exemplo, apresenta um suporte de pequenas dimensões, correspondendo a uma tira de papel horizontal. As três linhas do texto preenchem todo o espaço do papel, sem margens superiores nem laterais. O escrito 58, embora tenha a forma padrão retangular, tem um tamanho reduzido. Outros formatos não usuais podem ser exemplificados pelos escritos 4, 27, e 47. O escrito 4 apresenta suporte de formato triangular com recorte oblíquo e uma saliência na parte central. O escrito 27 tem formato triangular com recorte oblíquo irregular em uma das margens, e o escrito 47, por sua vez, apresenta formato quadrado com os cantos superiores arredondados. O escrito 46 merece um comentário à parte, pois tem o suporte no formato de um pequeno retângulo com um dos lados arredondado, correspondente a uma etiqueta. Esta característica particular será analisada, posteriormente, em conjunto com outros elementos diplomáticos.

Verificamos que a variação no formato do suporte está relacionada ao período de sua produção. A seguir, o gráfico explicita esta variação.

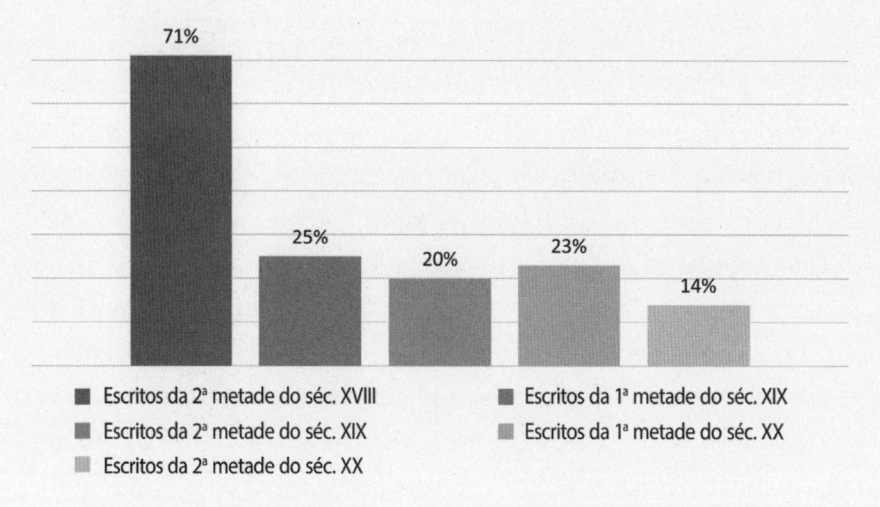

GRÁFICO 2 - Variação do formato do suporte de escrita

- 71% — Escritos da 2ª metade do séc. XVIII
- 25% — Escritos da 2ª metade do séc. XIX
- 20% — Escritos da 2ª metade do séc. XX
- 23% — Escritos da 1ª metade do séc. XIX
- 14% — Escritos da 1ª metade do séc. XX

Nota-se que, na segunda metade do século XVIII, mais de 70% dos escritos coletados apresentaram variação no formato do suporte e que, nos séculos seguintes, esta porcentagem foi caindo de maneira constante. Na primeira parte do século XIX, apenas um quarto dos escritos coletados apresentou esta característica e, na segunda metade do século XIX, esta proporção caiu para um quinto dos escritos coletados. Na primeira metade do século XX, tal proporção praticamente manteve-se, caindo a um sétimo nas décadas seguintes. Nossa hipótese é que as variações no formato do suporte tenham relação com a intenção do autor de produzir sinais. As mudanças no contexto histórico de funcionamento das rodas e da necessidade de preservar o anonimato dos responsáveis pela criança reflete-se na produção documental.

ELEMENTOS ANEXADOS AO SUPORTE: SINAIS

O estudo dos elementos extrínsecos é importante para uma melhor compreensão dos escritos da roda, pois oferece recursos para entender como os sinais são compostos: alguns sinais configuram-se por elementos materiais que são anexados ao suporte da escrita por meio de costuras, colagens ou de inserções de diferentes tipos como de uma tira de fita perpassada ao papel ou mesmo um ilhó no papel.

Uma característica específica dos elementos extrínsecos é sua ligação com os documentos originais. Suas características, via de regra, não se transmitem à reprodução. Este fato é importante quando analisamos os escritos seguintes, em que "o fac-símile e a transcrição tentam reproduzir o original, porém o fazem de forma imperfeita" (TESSIER, 1952, p. 30).

A seguir, um quadro com os escritos que contêm elementos anexados ao suporte.

QUADRO 8 — DESCRIÇÃO DOS ELEMENTOS ANEXADOS AO SUPORTE DE ESCRITA

ESCRITO	DESCRIÇÃO DOS ELEMENTOS ANEXADOS AO SUPORTE
Escrito 5	Fita cor de rosa perpassada verticalmente no suporte.
Escrito 6	Fita de seda perpassada horizontalmente no suporte.
Escrito 11	Roseta branca, encarnada e verde, cosida ao suporte.
Escrito 14	Fitilho verde perpassado em dois pontos na margem esquerda do suporte.
Escrito 15	Alfinete perpassado horizontalmente no final da mancha após a assinatura.
Escrito 18	Pedaço grande de tecido retangular azul claro colado com gotas de cera.
Escrito 19	Fotografia e pedaço de tecido inseridos no escrito dobrado.
Escrito 43	Fita azul-marinho colada horizontalmente no papel, abaixo da mancha.
Escrito 46	Ilhó inserido no papel.

A prática de inserir, colar ou costurar material e objetos nos escritos da roda como sinais é descrita por alguns estudiosos. Manoel (2006, p. 79) refere que "parte destes escritos eram acompanhados por uma fita ou um pedaço de tecido; mais raramente surgiam outros acessórios, tais como um retrato do progenitor". Em nosso *corpus,* nove escritos apresentaram essa característica. O manuseio e o contato visual com os manuscritos originais foi de grande valia para a análise desses exemplares. Agruparemos tais sinais levando em conta o modo como estão anexados ao suporte. Os sinais podem estar perpassados, colados, cosidos ou aplicados ao suporte, bem como inseridos no suporte dobrado.

Nos escritos 5 e 6, foi observada a presença de fitas perpassadas ao texto. O exame do manuscrito original do escrito 6 — em que uma fita de seda aparece perpassada horizontalmente no suporte, encobrindo de modo parcial o texto — permitiu-nos conhecer o teor do texto encoberto pela fita. O escrito 15 contém um objeto metálico anexado ao suporte da mesma forma, após a assinatura do autor. O exame do original tornou possível identificar um alfinete. No escrito 14, um fitilho longo está perpassado ao suporte no lado esquerdo do papel, o que sugere que sua existência seja intencional e tenha uma função, provavelmente a de apensar o escrito a alguma peça de roupa ou mesmo à criança. Os escritos 43 e 18 apresentam, respectivamente, uma fita e um pedaço de tecido colados ao suporte. No segundo caso, o tecido foi colado com gotas de cera, o que provocou manchas que ficaram impregnadas no papel. O escrito 11 por sua vez traz uma roseta cosida ao suporte. O escrito 46 exibe um objeto metálico aplicado ao suporte que identificamos como um ilhó. Assim como o escrito 14, observamos a intenção de sua existência. Neste caso, a função de apensar o escrito a alguma peça de roupa ou mesmo à criança é mais clara, especialmente se levarmos em conta o formato desse documento, que já analisamos anteriormente, lembrando uma etiqueta. No escrito 19, os acessórios que podem servir de sinal — a fotografia e o pedaço de tecido — estavam originalmente dentro das dobras do escrito.[92]

O quadro seguinte apresenta os tipos de sinais anexados ao suporte.

Quadro 9 — Tipos de sinais anexados ao suporte

Tipos de sinais anexados ao suporte
Tipo 1 — Objetos perpassados ao suporte (fita, fitilho, alfinete).
Tipo 2 — Objetos colados ao suporte (fita, pedaço de tecido).
Tipo 3 — Objeto cosido ao suporte (roseta).
Tipo 4 — Objeto aplicado ao suporte (ilhó).
Tipo 5 — Objetos dentro do escrito dobrado (fotografia, pedaço de tecido).

Sua distribuição cronológica está evidenciada no gráfico a seguir.

Gráfico 3 — Elementos anexados ao suporte de escrita

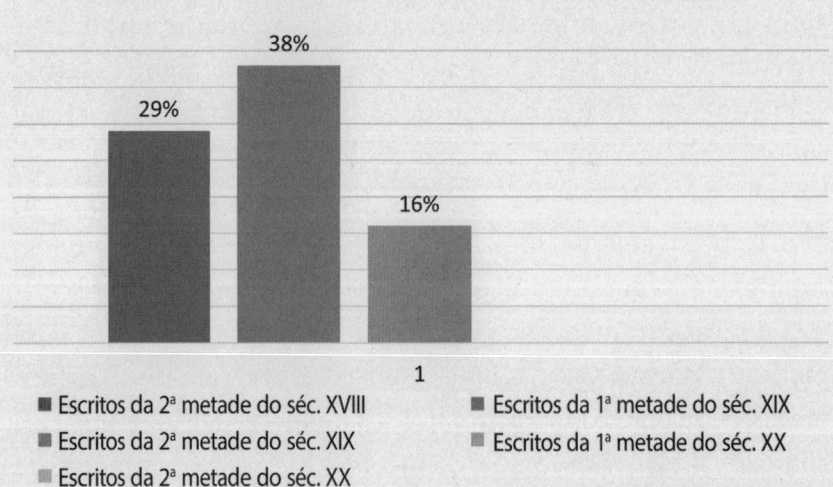

- Escritos da 2ª metade do séc. XVIII — 29%
- Escritos da 1ª metade do séc. XIX — 38%
- Escritos da 2ª metade do séc. XIX — 16%
- Escritos da 1ª metade do séc. XX
- Escritos da 2ª metade do séc. XX

---

92 Para realizar o fac-símile do escrito foi necessário desdobrá-lo; assim nos foi possível encontrar a foto e o pedaço de tecido.

Observamos uma incidência significativa da anexação de elementos nos escritos da segunda metade do século XVIII e da primeira metade do século XIX, abarcando 29% e 38% dos escritos, respectivamente. Uma pequena porcentagem de escritos da segunda metade do século XIX também apresenta elementos anexados ao suporte. É digna de nota a ausência de ocorrências no século XX. Os dados indicam que a presença de sinais anexados ao suporte está relacionada às alterações no contexto histórico de funcionamento das rodas e à necessidade de preservar o anonimato dos responsáveis pela criança, que foi se extinguindo gradativamente.

ACRÉSCIMOS AO TEXTO

O que denominamos "acréscimos ao texto" são aqueles elementos que estão fora da mancha do texto. Descreveremos os tipos de acréscimos ao texto encontrados em nosso *corpus*.

QUADRO 10 — DESCRIÇÃO DOS ACRÉSCIMOS AO TEXTO ENCONTRADOS NO *CORPUS*

ESCRITO	DESCRIÇÃO DOS ACRÉSCIMOS AO TEXTO
Escrito 7	Hastes e desenhos de flores na margem esquerda do texto.
Escrito 12	Traçados em torno das margens, nos cantos e na parte central superior do papel.
Escrito 15	Traçado espiralado na margem esquerda do texto.
Escrito 29	Desenho de coração na margem superior com texto inserido e desenho de coração duplo na margem inferior com iniciais inseridas.

Destacamos o escrito 29, em que dentro do desenho de coração, na margem superior há a inscrição "eu chamo-me Severina" e dentro do coração duplo, na margem inferior, encontramos as iniciais

M. R. e *A. J. P.*, supostamente dos progenitores da criança. Os dados do quadro abaixo apresentam os tipos de acréscimos ao texto.

Quadro 11 — Tipos dos acréscimos ao texto encontrados no *corpus*

Tipos de acréscimos ao texto
Tipo 1 — Desenhos
Tipo 2 — Traçados

Em relação à ocorrência de acréscimos ao texto por período, podemos observar o gráfico a seguir.

Gráfico 4 — Presença de acréscimos ao texto no *corpus*

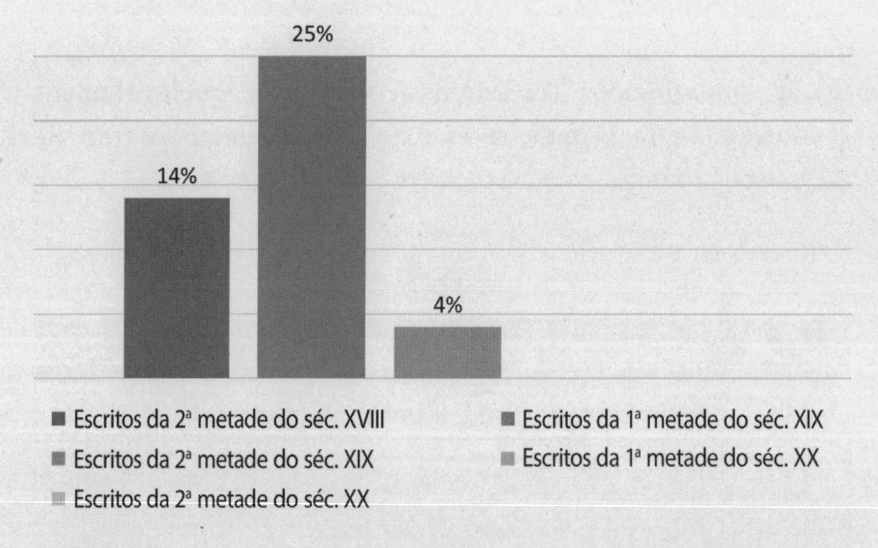

- Escritos da 2ª metade do séc. XVIII — 14%
- Escritos da 1ª metade do séc. XIX — 25%
- Escritos da 2ª metade do séc. XIX — 4%
- Escritos da 1ª metade do séc. XX
- Escritos da 2ª metade do séc. XX

Na primeira metade século XIX houve maior incidência de escritos com acréscimos ao texto, seguida pela segunda metade do século XVIII. Nota-se que, na segunda metade do século XIX, o número de ocorrências passou a ser insignificante, e no século XX não houve nenhum registro da prática de produzir acréscimos ao texto. O que podemos concluir é que a presença desses sinais também está relacionada à condição de anonimato e ao desejo do autor de individualizar o escrito.

Após esta breve análise diplomática dos elementos extrínsecos dos escritos do *corpus*, procederemos à análise diplomática dos elementos intrínsecos dos manuscritos.

ELEMENTOS INTRÍNSECOS

Os elementos intrínsecos de um documento são os componentes que integram sua articulação intelectual ou a forma como o conteúdo se apresenta (DURANTI, 1991, p. 11). Cabe lembrar ainda que, para estudar as características internas ou intrínsecas dos atos, não é necessário um original ou um fac-símile, sendo suficiente apenas uma cópia fiel manuscrita ou impressa, conforme a lição de Tessier (1952, p. 30).

Seriam os escritos da roda documentos diplomáticos? Belloto (2002, p. 38-41) ensina que os documentos diplomáticos são compostos por três partes fundamentais: protocolo inicial, texto e protocolo final. A autora assim descreve em linhas gerais as partes de um documento.

> O **protocolo inicial ou protocolo**, na sequência dos dados, é constituído por: 1) invocação (*invocatio*) que, em geral, só ocorre nos atos dispositivos mais antigos (a expressão "Em nome de Deus" é um exemplo de invocação); 2) titulação (*intitulatio*), formada pelo nome próprio da autoridade (soberana ou delegada) de que emana o ato e por seus títulos; 3) direção ou endereço (*inscriptio*), parte que nomeia a quem o ato se dirige, seja um destinatário individual ou coletivo e 4) saudação (*salutatio*), parte final do protocolo.

O **texto** tem "todos os seus elementos comandados pela natureza jurídica do ato e por seu objetivo" (TESSIER, 1961).

O **protocolo final** ou escatocolo inicia-se após a corroboração ou cláusulas finais, com: 1) subscrição/assinatura (*subscriptio*), isto é, a assinatura do emissor/autor do documento ou quem o faça por sua ordem; 2) datação (*datatio*). É preciso distinguir a data tópica da data cronológica, ou o elemento topográfico do elemento cronológico. A primeira é referente à forma como está designado no documento o local onde ele foi assinado. A segunda corresponde ao dia, mês e ano; 3) precação (*apprecatio*), onde, por meio de dois elementos (assinatura de testemunhas e sinais de validação, como carimbos e selos) reitera-se a legalidade do documento (BELLOTO, 2002, p. 38-41).

PROTOCOLO INICIAL DOS ESCRITOS DA RODA

Iniciaremos nossa análise diplomática examinando o protocolo inicial dos escritos da roda. Este consiste da invocação (*invocatio*); da titulação (*intitulatio*), da direção ou endereçamento (*inscriptio*) e da saudação (*salutatio*), que é a parte final do protocolo, conforme ensinamento de Bellotto. Sabemos, porém, que nem todos os elementos aparecem em um mesmo documento.

Poucos escritos apresentam as partes do protocolo referentes à invocação. Encontramos exemplos nos escritos 23 ("pelo amor de Deus") e 35 ("Em nome do Altíssimo Deus"). Nenhum escrito possui referência à titulação, uma vez que esta parte do protocolo é "formada pelo nome próprio da autoridade de que emana o ato e por seus títulos". Não sendo o ato de depositar a criança na roda chancelado ou regulamentado, o escrito que o registra, evidentemente, não fará referência a alguma autoridade ou a seus títulos. Alguns contêm em seu protocolo inicial uma saudação. Podemos mencionar o escrito 26 ("Boa tarde").

Entre os elementos que constituem o protocolo inicial, procedemos à análise da direção ou endereço (*inscriptio*), o qual nomeia a quem o ato se dirige, seja um destinatário individual ou coletivo (BELLOTTO, 2002, p. 38).

As Rodas dos Expostos, as Casas do Expostos e as instituições que acolhiam os enjeitados eram bastante conhecidas dos depositantes. Entretanto, como o depósito da criança era efetuado de forma anônima, impessoal e sem testemunhas, tanto as pessoas que colocavam como as que recebiam as crianças não tinham suas identidades reveladas. Verificamos que o destinatário é desconhecido do autor do escrito, ou assim o autor faz parecer, o que resulta no fato de que a maior parte dos escritos (49 de um total de 60) não apresente um destinatário explícito.

Quando o autor do escrito dirige-se a alguém, o que ocorre em 11 documentos, são utilizados diferentes recursos para configurar um destinatário. Dentre estas estratégias, está o uso de um destinatário coletivo ou de destinatários indeterminados. O autor pode dirigir-se a um destinatário coletivo, representado pela instituição. É o que ocorre nos escritos 1 ("Para a Casa da Santa Misericórdia"), 34 (a esta "Casa Pia/Santa Casa") e 40 ("Ilustríssima Administração deste Asilo"). Encontramos escritos que se dirigem a pessoas que fazem parte de uma instituição, sem nomeá-las. É o caso dos escritos 48 ("Senhoras da Caridade"), 50 ("Excelentíssimas Irmãs") e 60 ("Digníssimas Irmãs").

Há escritos cujo destinatário é um indivíduo, nomeado por seu título institucional. É o que ocorre nos escritos 26 ("Madre"), 44 ("Senhora Regente") e 59 ("Irmã Superiora"). Há autores que também se dirigem a indivíduos, porém utilizam-se de pronomes de tratamento, sem nomeá-los. É o que ocorre nos escritos 12 e 32; ambos têm como destinatário "llustríssimo Senhor".

Abaixo, apresentamos os dados do quadro-resumo com as marcas de identificação do destinatário do escrito.

Quadro 12 - Marcas de identificação do destinatário encontradas no *corpus*

Identificação do destinatário	Exemplos do *corpus*
Instituição como destinatária	Escrito 1: Casa da Santa Misericórdia Escrito 34: Casa Pia/Santa Casa Escrito 40: Ilustríssima Administração deste Asilo
Grupo de pessoas pertencentes a uma instituição	Escrito 48: Senhoras da Caridade Escrito 50: Excelentíssimas Irmãs Escrito 60: Digníssimas Irmãs
Indivíduo pertencente a uma instituição	Escrito 26: Madre Escrito 44: Senhora Regente Escrito 59: Irmã Superiora
Indivíduo indicado pelo pronome de tratamento	Escrito 12: llustríssimo Senhor Escrito 32: llustríssimo Senhor

A seguir, no gráfico 5, observamos a distribuição dos escritos do *corpus* que contêm marcas de identificação do destinatário.

Gráfico 5 — Marcas de identificação de destinatário no *corpus*

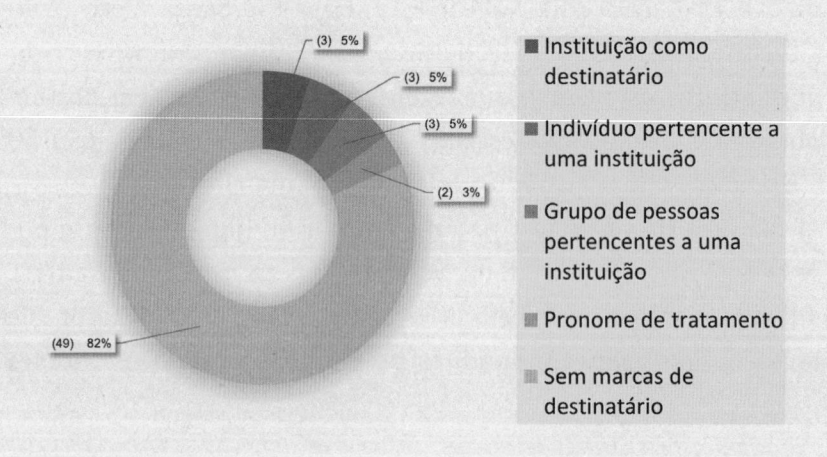

- (3) 5% Instituição como destinatário
- (3) 5% Indivíduo pertencente a uma instituição
- (3) 5% Grupo de pessoas pertencentes a uma instituição
- (2) 3% Pronome de tratamento
- (49) 82% Sem marcas de destinatário

Verificamos que 82% dos escritos não apresentam marcas de identificação do destinatário, o que nos leva a inferir que seus autores desconhecem os destinatários de seus escritos. O anonimato da roda não se restringe apenas à identidade do depositante da criança, mas também daquele que recebe a criança. Outra hipótese que pode ser dada é a de que a tradição de não identificar o destinatário seja uma característica documental dos próprios escritos da roda. Os escritos que apresentam marcas de identificação do destinatário (18%), dirigem-se a destinatários impessoais: 15% referem-se à instituição ou a funções dentro da instituição que acolhe os expostos e apenas 3% das marcas de identificação do destinatário estão desvinculadas do contexto institucional.

Uma vez examinados os elementos do protocolo inicial dos escritos da roda, procederemos ao estudo dos elementos do protocolo final.

PROTOCOLO FINAL: IDENTIFICAÇÃO DO AUTOR

O protocolo final dos escritos ou escatocolo apresenta a *subscriptio*, que é a assinatura do autor do escrito e a *datatio*, que pode ser a datação local ou cronológica.

Iniciamos nossa análise pelo estudo das assinaturas. A prática da exposição de crianças na roda era anônima[93] e, em sua grande maioria, os escritos não indicam explicitamente o nome ou a assinatura do autor. Quando o fazem, trazem assinaturas ou rubricas

---

93 A partir de 1870 (extinção da Roda de Lisboa), em Portugal, e 1927 (Proibição do Sistema de Rodas pelo Código de Menores), no Brasil, a exposição anônima foi sendo cada vez menos frequente. Não obstante, algumas rodas ainda continuaram funcionando e muitas crianças ainda foram depositadas anonimamente.

indecifráveis ou apenas iniciais, o que torna praticamente impossível a identificação da autoria, uma vez que não havia documentação ou registro relativo à origem da criança, a não ser o escrito ou os sinais e os objetos e roupas que a acompanhavam.

Encontramos em nosso *corpus* vários escritos assinados, porém as assinaturas ou rubricas são indecifráveis. É o caso dos escritos 4, 5, 9, 15, 30 e 41. No escrito 30, a assinatura está cortada e tem uma parte faltante[94]. Em alguns casos, o autor identifica-se apenas pelas iniciais, como no escrito 35 ("A.B.L."), no escrito 38 ("R.G."), no escrito 39 ("M. Y. da S.P."), no escrito 48 ("E.C.") e no escrito 59 (C.). No escrito 36, as iniciais do remetente, "B.C.S.", vêm acompanhadas de uma assinatura ilegível na linha abaixo. No escrito 37, além das iniciais "C.A.C.", pode-se visualizar um nome (Maria) junto da margem esquerda. No escrito 27, as iniciais do autor encontram-se incompletas, pois estão cortadas. Seriam conhecidas caso fosse encontrada a parte faltante do escrito.

Há manuscritos em que o nome da autora aparece com clareza e completo, como nos escritos 18 ("Marie Guilman"), 24 ("Amália Marques"), 26 ("Julieta Viana") e 51 ("Jacinta dos Santos"). Devemos ressaltar, nesses casos, que esses datam de um período em que o anonimato na entrega das crianças não é mais possível, dada a mudança na legislação referente ao abandono de menores. O mesmo ocorre nos escritos 50 ("Cassiana") e 54 ("Dulce"), que trazem explicitamente o prenome da autora.

Há escritos em que a identificação do autor é realizada de outras formas, sem o uso de uma assinatura ou subscrição. Nesses casos, o autor vale-se de desenhos ou outros recursos, como a utilização de perífrases. Apresentamos a seguir alguns exemplos desses procedimentos. No escrito 47, uma espécie de desenho

---

[94] Esses escritos nos remetem à tradição medieval de separar um documento em duas partes. Acesse: http://academia.gal/destaque-documento/-/asset_publisher/d4TP/content/carta-partida.

aparece entre duas letras maiúsculas, conforme podemos observar na reprodução a seguir.

FIGURA 10 — ESCRITO 47 — IDENTIFICAÇÃO DE AUTORIA

No escrito 60, observamos que o autor não se identifica com clareza, utilizando uma perífrase à guisa de subscrição ("Sem mais recebam cumprimentos de um pai e mãe que se veem aflitos"). O autor do escrito 42 torna explícito seu desejo de ocultar-se. Subscreve-se como "O Incógnito". O mesmo ocorre no escrito 44, em que a autora identifica-se como "Sua criada".

O quadro-resumo apresenta a seguir as idenficações de autoria presentes em nosso *corpus*.

QUADRO 13 - MARCAS DE IDENTIFICAÇÃO DO AUTOR ENCONTRADAS NO *CORPUS*

IDENTIFICAÇÃO DO AUTOR	EXEMPLOS DO *CORPUS*
Assinatura ou rubrica indecifrável	Escritos 4, 5, 15, 41
Assinatura ou rubrica com parte faltante	Escrito 30
Iniciais	Escrito 35: A.B.L. Escrito 38: R.G Escrito 39: M. Y. da S.P. Escrito 48: E.C. Escrito 36: B.C.S. Escrito 37: C.A.C. Escrito 59: C.
Iniciais com parte faltante	Escrito 27
Prenome	Escritos 50: Cassiana Escrito 54: Dulce
Nome completo	Escritos 18: Marie Guilman Escritos 24: Amália Marques Escritos 26: Julieta Viana Escritos 51: Jacinta dos Santos

Realizando uma análise comparativa entre os documentos, verificamos que a utilização de diferentes formas de subscrição está relacionada à data cronológica do escrito, o que pode ser observado nos gráficos referentes à distribuição cronológica das diferentes formas de subscrição: assinaturas ou rubricas, iniciais e nomes.

O gráfico seguinte mostra a distribuição cronológica do uso de assinatura para a identificação de autoria.

GRÁFICO 6 — UTILIZAÇÃO DE ASSINATURA PARA IDENTIFICAR O AUTOR

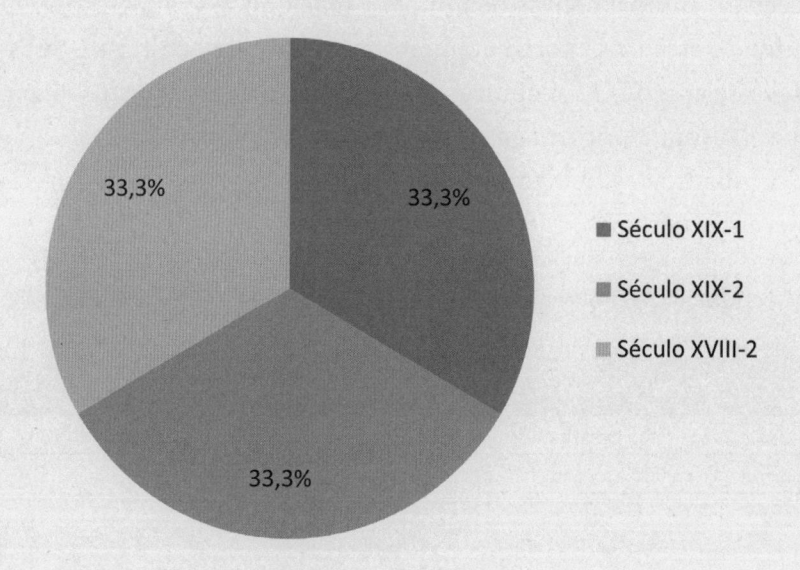

- Século XIX-1: 33,3%
- Século XIX-2: 33,3%
- Século XVIII-2: 33,3%

Verificamos que a utilização de assinaturas está restrita aos séculos XVIII e XIX, sendo igualmente distribuída entre a segunda metade do século XVIII, a primeira e a segunda metade do século XIX. É digno de nota o fato de não haver nenhuma ocorrência de assinaturas no século XX.

No gráfico seguinte, será apresentada a utilização de iniciais para identificação de autoria.

GRÁFICO 7 — UTILIZAÇÃO DE INICIAIS PARA IDENTIFICAR O AUTOR

- Século XIX-2: 86%
- Século XX-1: 14%

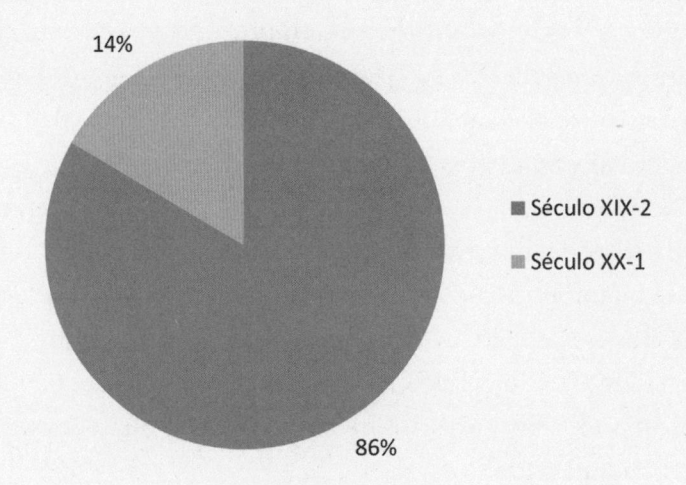

O uso de iniciais para identificar a autoria concentra-se, preferencialmente, na segunda metade do século XIX (86%), havendo também algumas ocorrências na primeira metade do século XX (14%). É digno de nota não haver nenhuma ocorrência de uso de iniciais na segunda metade do século XVIII e na primeira metade do século XIX. No gráfico seguinte, observamos a utilização do nome para identificação de autoria.

GRÁFICO 8 — UTILIZAÇÃO DO NOME PARA IDENTIFICAR O AUTOR

- Século XIX-2: 16,66
- Século XX-1: 33,33
- Século XX-2: 50%

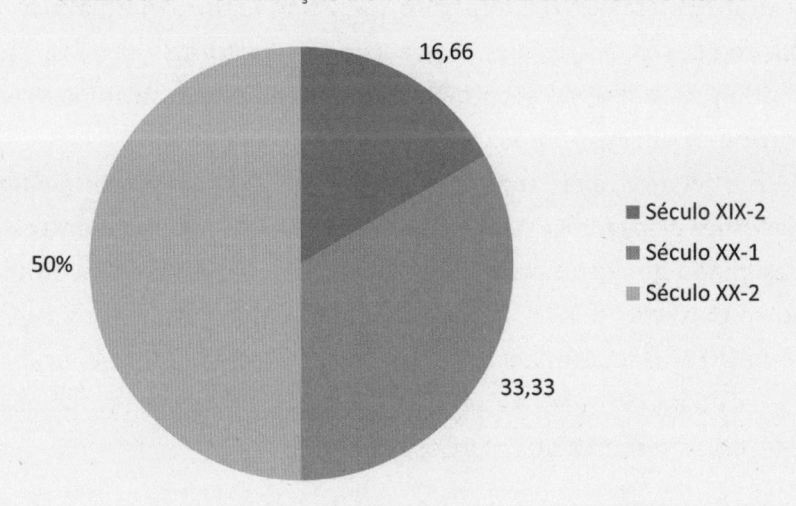

O gráfico revela que o uso do nome do autor, seja o prenome ou o nome completo do autor, só é empregado a partir da segunda metade do século XIX e sua prevalência aumenta quanto mais recente for o escrito. O fato pode ser explicado pela gradual proibição do anonimato no depósito dos expostos nas rodas.

Os estudos das subscrições permitem concluir que a presença de assinaturas indecifráveis e iniciais revelam o desejo e/ou necessidade de manutenção do anonimato por seus autores. Os exemplos apontados nos escritos 42 e 44, cujos autores assinam-se como "O incógnito" e "Sua criada", reforçam esta conclusão, na medida em que manifestam explicitamente esse desejo ou necessidade de ocultar a identidade.

Pela análise comparativa, podemos inferir que a presença do nome dos autores nos manuscritos está relacionada diretamente com sua datação cronológica. Quanto mais recente é o escrito, maior é a presença do nome do autor. As assinaturas e rubricas em que a identificação do autor é praticamente impossível estão concentradas nos séculos XVIII e XIX, como já dissemos; a presença de iniciais que sugerem identificação do autor concentra-se na segunda metade do século XIX e na primeira metade do século XX, em que o anonimato vai sendo extinto gradualmente das rodas, e o uso do nome do autor na subscrição é mais tardio, sendo prevalente no século XX, quando a identificação dos pais tornou-se obrigatória por lei.

Em seguida, examinaremos os escritos da roda quanto à *datatio* tópica e cronológica. A primeira é referente à forma como está designado no documento o local onde ele foi assinado. A segunda corresponde ao dia, mês e ano. Observa-se que, dos 60 escritos da roda, 20 apresentam datação tópica e 32, datação cronológica.

Os dados do quadro a seguir expõem as datações cronológicas e tópicas presentes nos escritos do *corpus*.

QUADRO 14 - DATAÇÃO TÓPICA E CRONOLÓGICA DOS ESCRITOS DO *CORPUS*

ESCRITO	DATAÇÃO CRONOLÓGICA	DATAÇÃO TÓPICA
6	28 de fevereiro, ano 1800	
7	1800	
9	Hoje, 9 de abril de 1839	
16	29 de novembro de 1886	Lisboa
18	13 de janeiro 1890	
19	22 de fevereiro de 1892	Lisboa
23	5-3-1961	Salvador
25	1. de agosto de 1961	Salvador
26	19-12-69	
29	24 de janeiro de 1858	Rio de Janeiro
30	10 de abril de 1858	Rio de Janeiro
31	26 de abril de 1858	Rio de Janeiro
32	Hoje, maio de 1858	
33	Hoje, 1º de julho de 1858	Rio de Janeiro
35	18 de agosto de 1858	Rio de Janeiro
36	20 de agosto de 1858	Rio de Janeiro
37	4 de setembro de 1858	Rio de Janeiro
38	4 de setembro de 1858	Rio de Janeiro
39	2 de novembro de 1858	
41	17 de dezembro 1858	Rio de Janeiro
42	31 de dezembro de 1858	Rio de Janeiro
44	14 de janeiro de 1880	
48	22 de junho 1901	
50	5 de dezembro de 1903	Rio de Janeiro
51	27 de junho de 955	
52	19-07-17	São Paulo
53	17 de outubro de 1920	São Paulo
54	14-12-1921	
55	21-2-1922	São Paulo
56	30 de maio de 1922	São Paulo
57	27-6-122	
60	4-10-1923	São Paulo

Verificamos que vinte escritos apresentam datação completa, tópica e cronológica. Entre os escritos com datação cronológica, a grande maioria registra dia, mês e ano, com exceção do escrito 7, que registra apenas o ano. A datação cronológica é elaborada de duas maneiras pelos autores, por representação numérica ou por extenso. Cabe destacar que em três escritos foi consignada a presença do advérbio de tempo *hoje*[95].

Finalizamos as análises dos protocolos inicial e final dos escritos da roda; agora passaremos à análise do corpo do texto dos escritos.

O TEXTO DOS ESCRITOS DA RODA: EXPOSIÇÃO (*NARRATIO*)

O texto de um documento constitui-se das seguintes partes, conforme ensinamento de Bellotto (2002, p. 40): preâmbulo (*prologus* ou *exordium*); notificação (*notificatio* ou *promulgatio*), exposição (*narratio*), dispositivo (*dispositio*), sanção (*sanctio* ou *minatio*) e corroboração ou cláusulas finais (*valorativo* ou *colaboratio*). Duranti (1991, p. 13) lembra que esses elementos não aparecem todos ao mesmo tempo na mesma forma documental, e muitos são mutuamente excludentes[96]. Os escritos que compõem nosso *corpus* não apresentam preâmbulos, notificações, sanções ou cláusulas finais, pelas razões já expostas anteriormente; isto é, por serem resultado de uma prática social não regulamentada; não têm fórmulas consagradas ou prescritas por chancelarias. Podemos afirmar que as partes constitutivas dos

---

95 Com o emprego do dêitico *hoje*, o autor refere-se à situação de produção do escrito.
96 Duranti (1991, p. 15).

escritos da roda, de forma geral, estão distribuídas entre a exposição (*narratio*) e o dispositivo (*dispositio*).

Iniciamos nosso estudo do texto dos escritos da roda por meio da análise da exposição (*narratio*). Conforme o ensinamento de Duranti, sabemos que a substância do texto é, usualmente, introduzida por uma exposição, que é a narração das circunstâncias concretas e imediatas que deram origem ao ato e/ou ao documento (DURANTI, 1991, p. 13)[97]. A exposição depende da natureza do ato/documento. No caso dos escritos da roda, trata-se de documentos relacionados à transferência dos direitos e responsabilidades dos progenitores ou responsáveis pela criança para a instituição que possui a roda dos expostos. Os fatos relatados e as circunstâncias apresentadas na exposição, portanto, estão ligados ao nascimento de uma criança que será depositada na roda. O relato dos autores do texto inicia-se, frequentemente, com as circunstâncias relacionadas ao nascimento, que são a data em que a criança nasceu e, mais raramente, o local de nascimento. Por meio da análise dos escritos, verificou-se que os dados mais relevantes que constam nesta parte do texto são a data de nascimento, o gênero; o nome e a menção ao batismo.

DATA DE NASCIMENTO

Uma das primeiras informações mencionadas pelos autores dos escritos refere à datação cronológica do nascimento da criança.

---

[97] "Exposition is" (..) "the narration of the concrete and immediate circumstances generating the act and/or the document. (...) Thus, in documents conceding something, there is a mention of the request, of the reasons for the request and for its acceptance, and of the consensus and advice of the interested parties; in documents relating to contentious acts, there is the history of the case and its development (...). Duranti (1991, p. 13)

Os dados do quadro a seguir apresentam na primeira coluna, o número do escrito; na segunda coluna, a transcrição da referência à data de nascimento do exposto e, na última, a referência à hora de nascimento.

Quadro 15 - Referência à data de nascimento do exposto nos escritos do *corpus*

Escrito	Referência à data de nascimento	Horário
Escrito 1	vinte e dois de setembro de mil, setecentos e noventa	onze horas e meia
Escrito 4	28 de dezembro de 1798	
Escrito 5	Dezessete do mês de maio	noite
Escrito 7	30 de março de mil e oitocentos	
Escrito 8	14 de novembro de 1838	
Escrito 9	9 de abril de 1839	
Escrito 10	11 de maio de 1841	10 horas da manhã
Escrito 11	27 de julho (...) no ano de 1842	6 horas da trade
Escrito 12	30 de outubro de 1843	
Escrito 13	8 de novembro de 1843	
Escrito 14	treze de abril de mil, oitocentos e quarenta e seis	
Escrito 16	22 do mês de novenbro	nove e meia horas da noite
Escrito 17	26 de novembro	3 horas da tarde
Escrito 18	3 de janeiro 1890	8 horas
Escrito 19	26 de janeiro de 1892	
Escrito 21	20 outubro de 1959	
Escrito 22	19 de agosto de 1960	5 horas da manhã
Escrito 23	9 de dezembro de 1960	8 horas da noite
Escrito 24	18 de julho de 1961	
Escrito 25	17 de novembro de 1960	
Escrito 27	30 de abril de 1858	
Escrito 28	29 de janeiro de 1858	2 horas da noite
Escrito 30	20 de fevereiro	
Escrito 31	3 de abril de 1858	
Escrito 34	8 de agosto de 1858	

Escrito 35	18 de agosto	9 horas da manhã
Escrito 38	4 de setembro de 1858	5 e 1/4 da tarde
Escrito 39	17 de agosto	
Escrito 40	2 de novembro de 1858	
Escrito 42	16 de dezembro de 1858	pelas cinco horas da tarde
Escrito 43	janeiro de 1880	
Escrito 44	dia 13	11 horas da noite
Escrito 45	28 de fevereiro de 1880	
Escrito 48	22 de junho de 1901	8 da manhã
Escrito 49	5 de dezembro de 1903	
Escrito 51	12 de junho de 1955	
Escrito 53	21 de setembro de 1920	
Escrito 54	5 de dezembro de 1921	
Escrito 56	8 de janeiro de 1922	

Podemos observar que dos 60 escritos, 39 apresentam referência à data de nascimento. Do total, 34 referem-se à data de forma completa, isto é, informam dia, mês e ano do nascimento da criança. A datação cronológica é elaborada de modos variados pelos autores, por representação numérica ou por extenso, tanto no dia como no ano.

Cabe destacar que alguns escritos registram como data de nascimento do exposto sua data cronológica. O fato pode ser apontado pelo emprego do advérbio "hoje", que indica a coincidência de datas entre o nascimento da criança e a produção do manuscrito. Os escritos 9, 28, 38, 40, 48 referem-se ao "dia de hoje". O escrito 10 emprega o advérbio "ontem" para indicar a data de nascimento da criança, indicando a diferença de um dia entre o nascimento do bebê e a produção do escrito. O escrito 2, embora não informe a data de nascimento da criança, afirma: "o menino tem 1 ano e 9 dias". Como o mesmo escrito traz data cronológica, é possível inferir a data de nascimento da criança.

Alguns escritos acrescentam elementos adicionais, como a indicação do dia da semana em que a criança nasceu, como o 4 ("sexta-feira"), o 42 ("quinta-feira") ou o 31 ("neste sábado de Aleluia"), de modo a pormenorizar ainda mais a data cronológica de entrega da criança.

GÊNERO

A partir do nome próprio e de outros dados presentes nos escritos de nosso *corpus*, é possível conhecer o gênero dos expostos depositados na roda.

Os escritos que indicam expostos de gênero masculino identificados pelo nome são: 1, 2, 3, 9, 10, 12, 13, 14, 16, 17, 21, 23, 27, 31, 32, 33, 34, 36, 37, 38, 40, 44, 46, 47, 49, 50, 52, 53 e 57.

Além destes, temos três escritos em que se pode identificar o gênero do exposto por outros marcadores linguísticos. São eles: o 19 ("filho de Patrício"); o 55 ("Filho, não posso") e o 58 ("Ainda não está batizado"). Temos, portanto, um total de 32 escritos referentes a expostos do gênero masculino.

Os escritos que indicam expostos do gênero feminino identificados pelo nome são: 4, 5, 6, 7, 8, 11, 18, 20, 22, 24, 25, 28, 29, 30, 35, 39, 41, 42, 43, 45, 51, 54, 56 e 59. Além desses, temos dois escritos em que se pode identificar o gênero do exposto indiretamente, pela forma como é designado. São o escrito 26 ("A Senhora pode entregar a menina") e o escrito 60 — ("terem compaixão, desta inocente"). Temos, portanto, um total de 26 escritos referentes a expostos do gênero feminino.

Apenas dois escritos não apresentam dados suficientes para que se possa conhecer o gênero do exposto depositado na roda: o 15 e o 48.

O gráfico abaixo mostra a distribuição dos expostos por gênero nos escritos de nosso *corpus*:

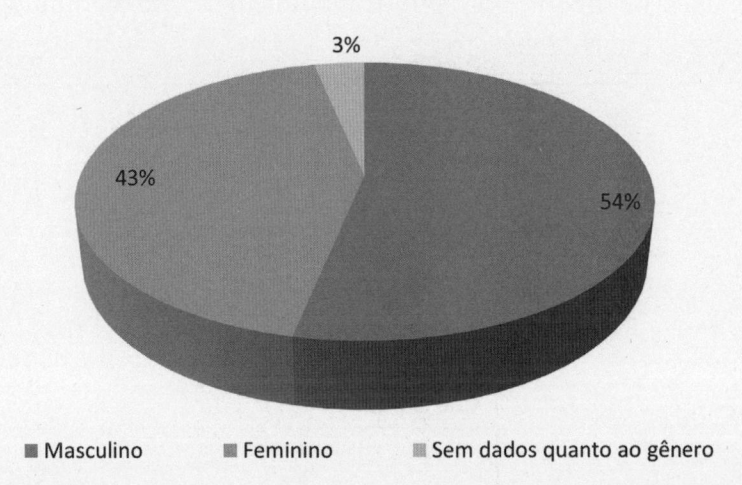

Gráfico 9 — Gênero dos expostos do *corpus*

[Gráfico de pizza: Masculino 54%, Feminino 43%, Sem dados quanto ao gênero 3%]

Verifica-se, portanto, uma preponderância de expostos do gênero masculino (54%) sobre expostos do gênero feminino (43%) em nosso *corpus*.

NOME

O próximo elemento analisado na exposicão do texto dos escritos é o nome do exposto. A quase totalidade dos escritos do *corpus* (53 escritos) refere-se explicitamente ao nome da criança; apenas sete (15, 19, 26, 48, 55, 58, 60) não trazem o nome escolhido para o exposto. O padrão observado é aquele que informa apenas o prenome da criança, mas há também escritos que trazem o nome completo do exposto. A seguir, apresentamos um quadro com o levantamento exaustivo dos nomes das crianças do *corpus*.

Quadro 16 – Lista exaustiva de nomes das crianças do *corpus*

Nº DO ESCRITO	NOME
Escrito 1	Maurício
Escrito 2	José Teodoro
Escrito 3	João Câncio
Escrito 4	Joaquina
Escrito 5	Maria
Escrito 6	Tomásia
Escrito 7	Maria
Escrito 8	Paulina
Escrito 9	Júlio Pedro Augusto
Escrito 10	José
Escrito 11	Maria de Jesus
Escrito 12	Manoel dos Santos
Escrito 13	José Maria
Escrito 14	Joaquim
Escrito 16	Antônio
Escrito 17	Carlos
Escrito 18	Carlota Berta Maria José
Escrito 20	Maria Tereza Fernandes
Escrito 21	José Bonfim Barbosa
Escrito 22	Maria das Graças
Escrito 23	Wilson Ribeiro dos Santos
Escrito 24	Isabel Cristina Marques
Escrito 25	Daci Silva
Escrito 27	Joaquim
Escrito 28	Mariana
Escrito 29	Severina
Escrito 30	Eleutéria
Escrito 31	Elias
Escrito 32	Antônio

Escrito 33	Eduardo
Escrito 34	Joaquim Cândido
Escrito 35	Teresa
Escrito 36	Felicísssimo
Escrito 37	Antônio
Escrito 38	Martinho da Rosa
Escrito 39	Isabel
Escrito 40	Vitorino
Escrito 41	Ludovina Pereira dos Prazeres
Escrito 42	Josefa
Escrito 43	Adelina
Escrito 44	Hilário
Escrito 45	Maria
Escrito 46	Deodato
Escrito 47	Alfredo
Escrito 49	João
Escrito 50	José
Escrito 51	Jacinta dos Santos
Escrito 52	Vicente
Escrito 53	Carlos Pena
Escrito 54	Isabela
Escrito 56	Olívia de S. Lima
Escrito 57	Antônio Moreira de Carvalho
Escrito 59	Maria Helena

Do total de escritos, 36 apresentam os prenomes das crianças e 17, os nomes completos dos expostos[98].

A maior parte dos escritos continha nomes conhecidos, que ainda hoje são utilizados em Portugal e no Brasil. Há nomes recorrentes

---

[98] Alguns podem ser tomados como nomes compostos ou nome e sobrenome.

como Maria (7 ocorrências), José/Josefa (6 ocorrências), Antônio (4 ocorrências), Joaquim/Joaquina (3 ocorrências) Isabel/Isabela (3 ocorrências), Carlos (2 ocorrências) e João (2 ocorrências). Verificamos que dos 53 escritos que indicam os nomes dos expostos, 37 escolheram um dos sete nomes acima. Os outros nomes possuem apenas uma ocorrência. Entre os prenomes, vários são nomes duplos, por exemplo, "Maria de Jesus" (escrito 11); "José Maria" (escrito 13); "Maria das Graças" (escrito 22) e "Maria Helena" (escrito 59). Vejamos como se distribui a atribuição de nomes para os expostos no gráfico seguinte.

Gráfico 10 — Marcas de identificação do exposto no *corpus*: nome

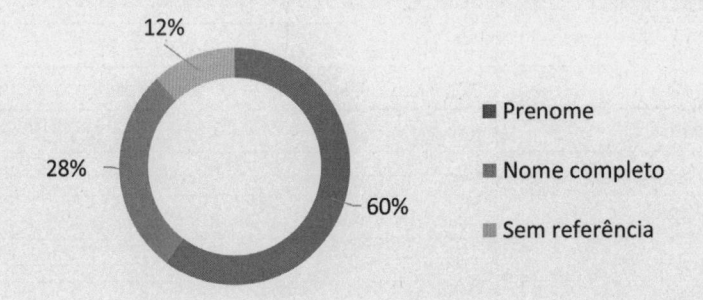

Como observamos, 88% dos escritos identificam o nome do exposto e apenas 12% não apresentam indicação de nome.

O BATISMO

Além do nome do exposto, a informação mais recorrente nos escritos da roda de nosso *corpus* refere-se ao batismo da criança. Na maior parte dos escritos, é informado se o exposto já foi batizado ou solicita-se que ele seja batizado.

Os dados do quadro seguinte indicam, na primeira coluna, o número do escrito; a segunda coluna reproduz o trecho do escrito que faz menção ao batismo e a última indica se o exposto foi ou não batizado.

QUADRO 17 - LISTA EXAUSTIVA DE MENÇÃO AO BATISMO DAS CRIANÇAS

Nº DO ESCRITO	TRECHO	BATIZADO
Escrito 1	vai por batizar	NÃO
Escrito 2	está por batizar	NÃO
Escrito 3	ainda não está batizado	NÃO
Escrito 4	vai já batizada	SIM
Escrito 5	para nela se batizar,	NÃO
Escrito 7	não vai batizada	NÃO
Escrito 10	seja batizado	NÃO
Escrito 11	quando a batizar	NÃO
Escrito 13	vai por batizar	NÃO
Escrito 15	não está batizada	NÃO
Escrito 17	batizado a 28 de novembro	SIM
Escrito 18	seja batizada	NÃO
Escrito 20	Está batizada	SIM
Escrito 22	já está batizada	SIM
Escrito 23	já foi batizado	SIM
Escrito 24	Batizada	SIM
Escrito 25	não é batizado,	NÃO
Escrito 28	não está batizada	NÃO
Escrito 29	estou batizada	SIM
Escrito 30	ainda não está batizada	NÃO
Escrito 31	está batizado	SIM
Escrito 34	ainda não está batizado	NÃO
Escrito 35	para ser batizada	NÃO
Escrito 38	Seja batizado	NÃO

Escrito 41	vai sem ser batizada	NÃO
Escrito 42	de a mandar batizar	NÃO
Escrito 43	não está batizada	NÃO
Escrito 44	quando batizar	NÃO
Escrito 46	na pia seja-lhe este nome dado	NÃO
Escrito 47	não está batizado	NÃO
Escrito 49	não está batizada	NÃO
Escrito 51	não está batizada	NÃO
Escrito 52	já foi batizado	SIM
Escrito 53	já foi batizado	SIM
Escrito 54	e ainda não foi batizada	NÃO
Escrito 58	ainda não está batizado	NÃO
Escrito 59	Não está batizada	NÃO

Dos 60 escritos do *corpus*, 37 fazem menção explícita ao batismo, sendo que 27 informam que o exposto não está batizado e 10 afirmam que ele já está batizado. A informação sobre o batismo está relacionada diretamente à informação sobre o nome da criança, como veremos adiante. Essas duas informações, em conjunto, serão utilizadas pelo autor do escrito na *dispositio*, que analisaremos adiante.

O gráfico 11 indica a referência ao batismo nos escritos do *corpus*.

GRÁFICO 11 — REFERÊNCIA AO BATISMO DO *CORPUS*

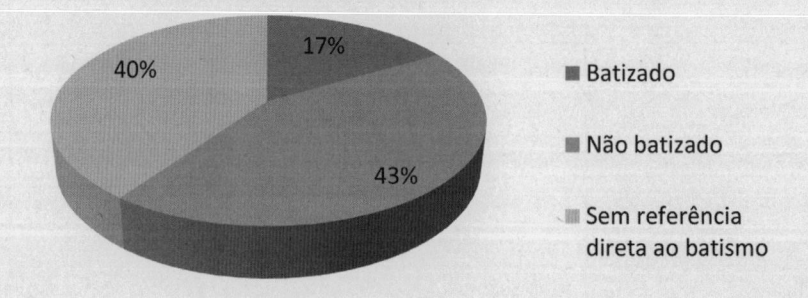

Verificamos que 60% dos escritos do *corpus* fazem referência direta ao batismo da criança, e na maioria deles (quase metade dos escritos), o autor manifesta o desejo de que a criança seja batizada pela instituição da roda. É digno de nota também que uma pequena parcela de expostos (17%) tenha entrado na roda já batizada.

EXPOSTOS BATIZADOS

O gráfico a seguir indica a distribuição dos expostos batizados por períodos de meio século.

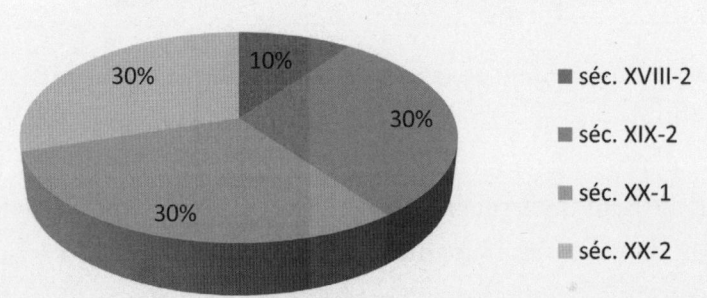

Gráfico 12 — Expostos batizados do *corpus*

- séc. XVIII-2: 10%
- séc. XIX-2: 30%
- séc. XX-1: 30%
- séc. XX-2: 30%

Verificamos que uma pequena fração dos expostos já batizados está na segunda metade do século XVIII (10%), enquanto os demais distribuem-se igualmente pela segunda metade do século XIX e pelas primeira e segunda metades do século XX.

EXPOSTOS NÃO BATIZADOS

O gráfico a seguir indica a distribuição dos expostos não batizados por períodos de meio século.

Gráfico 13 — Expostos não batizados do *corpus*

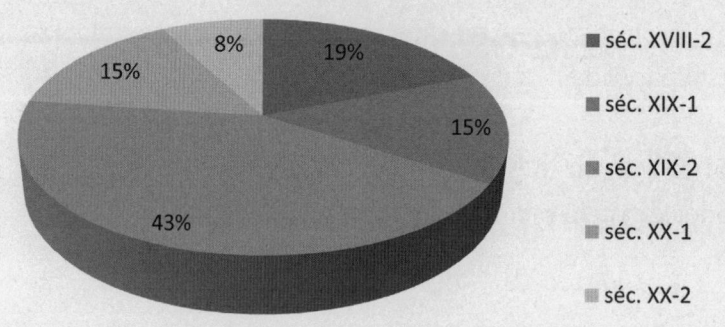

- séc. XVIII-2: 19%
- séc. XIX-1: 15%
- séc. XIX-2: 43%
- séc. XX-1: 15%
- séc. XX-2: 8%

Observamos a menção dos escritos aos expostos não batizados em todos os períodos analisados. A maior proporção (43%) concentra-se na segunda metade do século XIX, distribuindo-se nos outros períodos de forma mais ou menos equilibrada.

Além da referência ao nome e a informação sobre o batismo, outros esclarecimentos podem ser encontrados nos textos da roda. Podemos mencionar escritos que trazem o nome de um dos progenitores da criança, ou de ambos, outros que referem o enxoval da criança, que informam as condições de saúde da criança ou dos pais ou que trazem justificativas para o depósito na roda. Esses dados[99], no entanto, aparecem ocasionalmente nos escritos, não se constituindo em um padrão que possa ser observado no conjunto do *corpus*, pelo que não serão analisados exaustivamente em nosso trabalho.

---

99 Dados como esses aparecem ocasionalmente também no total de escritos consultados (aproximadamente 800) e que não pertencem ao *corpus* dessa pesquisa.

Cabe ressaltar que, como explica Duranti (1991, p. 13), "muitos documentos, tanto públicos quanto privados, originam-se de situações análogas. Nesses casos, a narrativa torna-se uma fórmula estereotipada". Certamente, os escritos da roda originam-se de situações análogas e as formulações que encontramos em suas narrativas são muito semelhantes umas às outras. A narrativa que a *expositio* dos textos da roda contém, basicamente, afirma que: "em tal data e/ou local, nasceu uma criança; seu nome é tal; ela está/não está batizada".

FORMULAÇÃO DA EXPOSIÇÃO NOS TEXTOS

Após o levantamento e estudo dos dados mais relevantes dos escritos da roda, verificamos como a data de nascimento, o gênero, o nome e a menção ao batismo correlacionam-se para formulação da exposição do texto.

Apresentamos os resultados de um estudo a respeito das fórmulas usadas pelos autores dos escritos, para criar suas narrativas na *expositio* dos documentos. De maneira geral, foram utilizadas construções simples, em ordem direta, com o uso das flexões dos verbos *nascer*, *entrar* e *ir*. Nesses casos, o sujeito, em geral, é a própria criança.

Quadro 18 — Formulação da *expositio* dos escritos da roda com os verbos nascer, entrar e ir

Número do escrito	Formulação utilizada para criar narrativa na *expositio* dos documentos — verbos nascer, entrar e ir
Escrito 1	Nasceu este menino pelas onze horas e meia
Escrito 2	Aí vai esse menino com idade de um mês
Escrito 4	vai já batizada
Escrito 7	Entre para a Santa Casa da Misericórdia esta menina
Escrito 8	Nasceu esta menina
Escrito 9	hoje entra para a Santa Casa da Misericórdia
Escrito 10	Nasceu ontem, 11 de maio de 1841
Escrito 11	Esta menina nasceu no dia 27 de julho
Escrito 12	nasceu no dia 30 de outubro
Escrito 13	Nasceu este menino em 8 de novembro
Escrito 14	nasceu no dia treze de abril
Escrito 16	Este menino nasceu no dia 22 do mês de novembro
Escrito 17	Nasceu a 26 de novembro
Escrito 18	Ela nasceu no dia 3 de janeiro
Escrito 19	Nasceu a 26 de janeiro
Escrito 22	Maria das Graças nasceu no dia 19 de agosto de 1960
Escrito 23	Nasceu no dia 9 de dezembro
Escrito 28	A criança que este bilhete acompanha nasceu hoje, 29 de janeiro de 1858, às 2 horas
Escrito 30	Esta inocente nasceu a 20 de fevereiro
Escrito 33	entra esta crianca para a roda
Escrito 34	Este inocente nasceu a 8 de agosto de 1858
Escrito 37	Este menino que vai para a roda
Escrito 41	A portadora vai sem ser batizada
Escrito 43	Esta menina nasceu no dia de janeiro de 1880
Escrito 45	nasceu no dia 28

Outro modo de narrar as circunstâncias do nascimento do exposto e de seu depósito na roda consiste no emprego dos verbos *entregar, remeter, botar, deixar* e *pôr*. Nesses casos, em geral, o sujeito é o próprio autor do escrito.

QUADRO 19 — FORMULAÇÃO DA *EXPOSITIO* DOS ESCRITOS DA RODA COM OS VERBOS ENTREGAR, BOTAR, REMETER, DEIXAR E POR

NÚMERO DO ESCRITO	FORMULAÇÃO UTILIZADA PARA CRIAR NARRATIVA NA *EXPOSITIO* DOS DOCUMENTOS VERBOS ENTREGAR, REMETER, BOTAR, DEIXAR E PÔR
Escrito 6	Entrego na Santa Casa da Misericórdia uma imposta
Escrito 22	botei por necessidade
Escrito 27	Remeto esta criança que nasceu a 30 de abril
Escrito 35	entrego a minha filha
Escrito 36	Remeto este menino para ser criado com alguma delicadeza
Escrito 48	Eu vos entrego essa criança
Escrito 51	Deixo esta criança para ser dada
Escrito 52	Ponho meu filho na roda por motivo de miséria

Nota-se grande diversidade entre os escritos da roda na maneira como o autor do texto se refere ao exposto. Na maior parte dos escritos, é utilizada a forma "criança" (14 ocorrências), "menino" ou "menina" (18 ocorrências). Encontramos também o uso do termo "inocente" (escritos 30, 34, 42, 44 e 60), "anjinho" (escrito 32: "Aqui fica depositado este anjinho"), e "garotinho" (escrito 25: "Este garotinho tem nove meses"). Há exemplos também do uso dos termos "imposta" (escrito 6: "Entrego na Santa Casa da Misericórdia uma imposta") e "infeliz" (escrito 10: "Este infeliz inocente").

Outra forma de se referir ao exposto é a utilização do termo "filho" ou "filha", o que ocorre em cinco documentos. Em alguns, observamos que o autor refere-se ao exposto como "este" (escrito 56: "Faço saber que este nasceu"), "o recém-presente" (escrito 38: "Pede-se o favor que o recém-presente seja batizado") ou "a portadora" (escrito 41: "A portadora vai sem ser batizada"). No escrito 22, o nome próprio é utilizado para fazer referência ao exposto ("Maria das Graças nasceu no dia 19 de agosto").

Verificou-se também a existência de manuscritos narrados em primeira pessoa, nos quais o exposto aparece como enunciador do texto. É o caso dos escritos 29 ("Eu chamo-me Severina, estou batizada") e 57 ("Chamo-me Antônio. Sou um orfãozinho").

Notamos uma regularidade nos escritos da roda em relação às informações básicas fornecidas pelo autor sobre a criança depositada na roda. Esta constatação revela que, mesmo não se tratando de documentos oficiais, os textos são documentos informais para a identificação da criança e, embora não haja chancela nem fórmulas divulgadas aos escritos das rodas por meio de um manual, até onde se tem notícia, as informações que habitualmente constam nos escritos possuem certa padronização. Em sua grande maioria, seus autores evidenciam a intenção de deixar um registro dos dados essenciais sobre a criança.

O TEXTO DOS ESCRITOS DA RODA: DISPOSITIVO (*DISPOSITIO*)

O dispositivo (*dispositio*) é a peça-chave de um ato qualquer, pois é nela que se expressa a vontade do autor: "Sem *dispositio* não haveria ato e de sua inteligibilidade, de sua clareza, da precisão dos termos empregados depende em grande parte a eficácia do escrito", explica Tessier (1952, p. 44).

A maioria dos textos possui, explicitamente, uma parte que contém as disposições do autor, seja em relação ao exposto, seja em relação à intenção de buscar a criança em um tempo futuro. Cabe lembrar que, assim como alguns escritos não apresentam esta parte do texto, outros trazem diversas solicitações em uma mesma *dispositio*.

Na análise dos escritos da roda, observa-se que o autor do escrito expressa uma vontade. Duranti (1991) explica que "no dispositivo, o fato ou ato está expressamente enunciado, usualmente por meio de um verbo capaz de comunicar a natureza da ação e a função do documento, como *autorizar, promulgar, decretar, certificar, concordar* e *solicitar*[100].

Nos escritos que analisamos, a função do documento é expressa por verbos como *pedir, desejar, rogar, implorar* e *suplicar*. Para realizar esta análise, separamos os escritos de acordo com as solicitações expressas na *dispositio*.

FORMULAÇÃO DO DISPOSITIVO NOS TEXTOS

Em primeiro lugar, tratamos das solicitações do autor em relação ao exposto; em seguida, veremos a sua intenção de buscar a criança e os sinais presentes com ela.

Entre as solicitações do autor do texto, encontramos aquelas que tratam do batismo da criança, caso ela ainda não esteja batizada. É o que ocorre nos escritos 18 ("Peço que minha filha seja batizada") e 38 ("Pede-se o favor que o reçem-presente seja batizado"). Nesta categoria, estão também as solicitações em relação ao nome destinado à criança. É o que ocorre no escrito 28 ("Pede-se que lhe deem o nome Mariana" e no escrito 30 ("roga-se pôr-lhe o nome de Eleutéria"). A solicitação pode referir-se ao tratamento a ser dado à

---

[100] Disposition: the core of the text is the disposition, that is, the expression of the will or judgement of the author. Here, the fact or act is expressly enunciated, usually by means of a verb able to communicate the nature of the action and the function of the document, such as "authorize", "promulgate",", "decree", "certify", "agree", "request", etc. The verb may be preceded by a word or locution which puts the dispositon in direct relationship to the previous exposition or preambule, such as "therefore", 'hereby", etc. (DURANTI, 1991, p. 13)

criança. Um exemplo pode ser encontrado no escrito 32 ("rogo-se de novo a caridade do bom tratamento" e no 10 ("Seus progenitores rogam que seja carinhosamente tratado"). A vontade do autor pode expressar-se também no sentido do destino que se dará à criança. Verificamos estas determinações nos escritos 25 ("Peço que não dê minha filha"), 26 ("A senhora pode entregar a menina a quem a senhora achar que tem credencial"), 40 ("Roga-se o conservar esta criança") e 23 ("Peço que fiquem com esta criança").

A seguir analisaremos os textos que contêm uma *dispositio* em que o autor manifesta a intenção de buscar a criança e solicita que o destinatário conserve o(s) sinal(is).

REFERÊNCIA AOS SINAIS NO DISPOSITIVO DOS TEXTOS

Observamos que mais da metade dos autores dos escritos da roda pertencentes a nosso *corpus* manifesta a intenção de deixar sinais com o propósito de possibilitar o reconhecimento da criança em um tempo futuro. As referências aos sinais encontram-se nos escritos 2, 3, 4, 5, 6, 9, 11, 12, 15, 17, 18, 19, 20, 27, 28, 30, 32, 33, 34, 35, 36, 37, 39, 40, 41, 43, 45, 48, 49, 50, 52, 53, 55, 58 e 59. Em grande parte desses escritos, a *dispositio* está explicitada pelo emprego de verbos como *guardar*, *buscar*, *conservar*, *pedir*, *procurar*, *reclamar*, *rogar* e *tirar*. Nota-se também que, alguns escritos, embora os autores mencionem sinais, não explicitam no texto a vontade ou a intenção de buscar a criança. É o que ocorre nos escritos 3, 5, 6, 9, 11, 12, 17, 18, 19, 28, 32, 36 e 58.

Os dados do quadro a seguir mostram na primeira coluna o número do escrito e na segunda, a referência direta que o autor faz ao sinal.

Quadro 20 — Menção ao sinal nos escritos do *corpus*

Escrito	Menção ao sinal
Escrito 2	e este escrito o guardarão bem arrecadado porque seus pais o querem tirar cedo
Escrito 3	o sinal é este mesmo bilhete
Escrito 4	A seu tempo se procurará, este bilhete vai assim com estes sinais golpeados para comparecer com o outro que fica do mesmo teor
Escrito 5	leva de sinal uma medida de Nossa Senhora do Cabo
Escrito 6	para maior sinal no braço esquerdo um laço de fita branca
Escrito 9	Leva por sinal um vestido de paninho recortado por baixo e com um bocado cortado que fica por sinal
Escrito 11	Levando por sinal uma roseta branca, encarnada e verde, para que todo tempo que esta menina se procure por sinal que leva
Escrito 12	Fica por sinal este vestido de cassa cor de laranja
Escrito 15	Pede-se que se guarde este bilhete para ser procurado em tempo
Escrito 17	levando um sinal em toda a roupa
Escrito 18	A criança leva vestido, uma camisola de flanela azul igual àquele bocado que aqui está
Escrito 19	leva o retrato de seu pai dentro duma bolsinha de fazenda aos ramos, com uma fita encarnada de seda
Escrito 20	Guardem o escrito
Escrito 27	quando se for tirá-lo se entregará a metade deste papel que tem as iniciais do seu pai
Escrito 28	A criança que este bilhete acompanha
Escrito 30	só terá direito a ela a pessoa que apresentar o pedaço que nesta lhe falta e que servirá de talão e por isso se roga o arquivo desta
Escrito 32	E que não haja engano, pois devem ir buscar, leva esta fita para divisa, no bracinho leva desta mesma fita
Escrito 33	que a todo o tempo há de ser procurada, por isso e que leva este sinal
Escrito 34	e talvez tornar a receber para sua companhia; e por isso o deixa com os seguintes sinais: uma argolinha de ouro na orelha esquerda, um cinteiro de chita cor de café com flores brancas miúdas, um barrete também de chita roxa com raminhos pretos
Escrito 35	com este sinal e mais uma manta que leva embrulhada fica um pedaço, irei procurar

Escrito 36	Para ser procurado no fim de um ano; o nome é Felicíssimo para sinal
Escrito 37	vai para a roda com os sinais seguintes: um lenço na cabeça branco de linho, uma touca de cambrainha bordada. Para a todo tempo que se possa ir buscar pelo nome e sinais que leva se for vivo
Escrito 39	Pede-se para que lhe conservem sempre ao pesçoço a medalha que leva, dentro da qual existe o sinal do seu reconhecimento
Escrito 40	pretendem reclamá-la; deseja a mãe que se chame Vitorino: e com um papel igual a este se há de apresentar quem o for reclamar
Escrito 41	com o nome de Ludovina Pereira dos Prazeres, o que ficam arquivados todos os sinais. Um pedido de um sem parente.
Escrito 43	foi botada à roda levando de sinal uma fita azul marinho
Escrito 45	Tenha bondade de guardar este sinal por favor, em todo tempo esta criança há de ser procurada
Escrito 48	Peço a esmola de marcá-la com E. C.
Escrito 49	em tempo será reclamada por quem entregar um papel igual a este e o pedaço que falta nesta medalha
Escrito 50	os [rasgado] que darei são: uma cópia desta carta e uma medalha com o nome de meu filho e o meu — guardarei uma medalha e a outra igual acompanha meu filho
Escrito 52	Peço a caridade de guardar este papel
Escrito 53	Pede-se a caridade de conservar como relíquia sagrada a correntinha com a medalha da Virgem da Conceição no pescocinho, que é cuprimento de uma promessa
Escrito 55	peço não o darem sem que levem uma carta igual a esta e o retrato também
Escrito 58	por padrinho o Sagrado Coração de Jesus
Escrito 59	Peço ele também não dar ela a ninguém. Peço também nunca tirar esta medalha do pescoço dela

No total, são 35 escritos que fazem menção a sinais; os que não fazem qualquer referência a sinais são os de número 1, 7, 8, 10, 13, 14, 16, 21, 22, 23, 24, 25, 26, 29, 31, 38, 42, 44, 46, 47, 51, 54, 56, 57 e 60.

O tipo de sinal mais recorrente é a solicitação da guarda do escrito, como é o caso dos escritos 2, 3, 4, 15, 20, 33, 35, 40, 45, 49, 50, 52 e 55. O autor do escrito 55, por exemplo, solicita explicitamente ao destinatário "guardar o escrito como sinal". Alguns autores referem-se ao fato de possuírem uma cópia do escrito, como é o caso dos escritos 40 e 49, cujos autores afirmam possuir "um papel igual a este" ou do autor do escrito 50, que afirma possuir "uma cópia desta carta". Em outros casos, há referência à parte faltante do escrito, como nos escritos 27 e 30.

Outro tipo de sinal presente nos escritos de nosso *corpus* refere-se a sinais que a criança levava junto ao corpo. Os escritos 6 e 32 fazem referência a "sinais no braço" da criança, que serviriam para identificá-la. Outro sinal mencionado nos textos são peças do enxoval da criança, como aquelas que são descritas no escrito 9 ("Pedro Augusto leva por sinal um vestido de paninho recortado por baixo e com um bocado cortado que fica por sinal"). As peças do enxoval que eram depositadas junto o exposto ou aquelas que ele trazia junto o corpo eram, muitas vezes, descritas com detalhes[101]. O escrito 34 refere uma argolinha de ouro na orelha esquerda da criança. Os escritos 39, 53 e 59 referem-se a medalhas no pescoço das crianças. Há ainda sinais que só apresentam uma ocorrência no *corpus*. É o caso dos escritos 36, 41, 48 e 58. No 36, o sinal é o nome da criança ("o nome é Felicísssimo para sinal"). O escrito 48 solicita que se marque a criança com iniciais ("Peço a esmola marcá-la com E. C."). O 58 sugere que um santinho que acompanha o escrito seja o sinal. No escrito 41, o autor refere-se aos sinais da seguinte forma: "ficam arquivados todos os sinais".

Ao estudar os escritos que fazem menção aos sinais, verificamos a convergência de certos elementos extrínsecos e intrínsecos estudados anteriormente. É digno de nota que os escritos que mencionam textualmente sinais também apresentem variação na composição do suporte, variação no formato do suporte, acréscimos ao texto e elementos anexados ao suporte.

Tomamos como exemplo o escrito 4:

---

[101] Criamos ao final deste trabalho um glossário de termos referentes às rodas dos expostos.

- **Referência textual ao sinal:** "A seu tempo se procurará, este bilhete vai assim com estes sinais golpeados para comparecer com o outro que fica do mesmo teor".
- **Variação na composição do suporte:** papel azul-claro.
- **Variação no formato do suporte:** corte oblíquo com saliência na parte central.

Cotejando as informações, podemos inferir que o corte realizado no papel dividiu o escrito em duas partes com o mesmo teor, e que uma delas ficou em poder do autor, para servir como sinal no momento de eventual retirada do exposto. Também podemos inferir, com menos certeza, que a escolha do papel tenha sido deliberada.

Vejamos o escrito 15.

- **Referência textual ao sinal:** "pede-se que se guarde este bilhete para ser procurado em tempo".
- **Variação na composição do suporte:** papel branco pautado.
- **Variação no formato do suporte:** recorte irregular do papel na margem esquerda.
- **Elementos anexados ao suporte:** alfinete perpassado horizontalmente no final da mancha, após a assinatura.
- **Acréscimos ao texto:** traçado espiralado na margem esquerda do texto.

O autor solicita que se guarde o bilhete. Cotejando a variação no formato do papel (recorte no papel) com os acréscimos ao texto (traçados espiralados), observamos que ambas as alterações estão superpostas, o que é um forte indício da intenção do autor na produção do escrito. (A mesma superposição de recortes e acréscimos ao texto acontece no escrito 7.) Podemos inferir, com menor grau de certeza, que a utilização de variação na composição do papel tenha sido deliberada. Com relação ao alfinete anexado ao suporte, só podem ser construídas hipóteses de que tenha relação com a assinatura do autor (pois está perpassado no papel ao lado da assinatura) ou com alguma peça do enxoval do exposto.

A seguir, os dados do quadro indicam a convergência de elementos extrínsecos e intrínsecos nos escritos que fazem menção aos sinais. A primeira coluna traz o número do escrito, a segunda aponta variação na composição do suporte, a coluna seguinte mostra variação no formato do suporte, a quarta coluna refere-se a elementos anexados ao suporte e a última aponta acréscimos ao texto; o X indica a presença da característica.

QUADRO 21 — CONVERGÊNCIA DE ELEMENTOS EXTRÍNSECOS E INTRÍNSECOS NOS ESCRITOS DO CORPUS

ESCRITO	COMPOSIÇÃO DO SUPORTE	FORMATO DO SUPORTE	ELEMENTOS ANEXADOS AO SUPORTE	ACRÉSCIMOS AO TEXTO
Escrito 3	X	X		
Escrito 4	X	X		
Escrito 5		X	X	
Escrito 6			X	
Escrito 11	X		X	
Escrito 12				X
Escrito 15	X	X	X	X
Escrito 18			X	
Escrito 19	X		X	
Escrito 20	X			
Escrito 27	X	X		
Escrito 30	X	X		
Escrito 43	X		X	
Escrito 48	X			
Escrito 49	X	X		
Escrito 50	X	X		

Escrito 53	X			
Escrito 55	X			
Escrito 58	X	X		
Escrito 59	X			

Observamos que vários escritos apresentam convergência de elementos diplomáticos analisados com a menção textual aos sinais. No escrito 18, o autor afirma que a criança veste "uma camisola de flanela azul" do mesmo tecido colado ao escrito (elemento anexado ao suporte). No escrito 43, o autor refere-se a uma fita azul-marinho, que também está colada ao escrito (elemento anexado ao suporte). Há casos em que ocorre a menção textual aos sinais, porém esta não é complementada por elementos não textuais.

Tendo efetuado a análise diplomática dos elementos extrínsecos e dos intrínsecos dos documentos da roda dos expostos, agruparemos os escritos com o objetivo de proceder a sua classificação tipológica.

CAPÍTULO IV
UMA PROPOSTA TIPOLÓGICA

No capítulo anterior, estudamos os aspectos extrínsecos (composição e formato do suporte, elementos anexados ao suporte e acréscimos) e intrínsecos (protocolo inicial, protocolo final e texto) dos escritos da roda, considerando entre outras também a lição de Cambraia de que "a decifração e a reprodução de um documento podem ser realizadas com mais segurança e propriedade quando se tem consciência de (...) como se estruturavam internamente, sobretudo, porque apresentavam constantes formais em termos, tanto estruturais como linguísticos" (CAMBRAIA, 2005, p. 25).

Neste capítulo, realizaremos uma análise tipológica dos escritos da roda a partir da Diplomática. Nesta etapa da investigação, a comparação entre os diferentes escritos de datas e locais diversos fornece perspectivas elucidativas a respeito do que pode ser chamado de uma *cultura da roda*. No decorrer deste capítulo, valemo-nos de exemplos de todo o *corpus* para análise. Exemplificamos os tipos de escrito a partir da transcrição justalinear de textos selecionados no *corpus*.

ESCRITOS DO TIPO 1

Com base na consulta de grande número de escritos da roda[102], além daqueles que analisamos em nosso *corpus*, concluímos que grande parte apresenta características correspondentes à espécie documental *carta* (Bellotto, 2002, p. 51). Do ponto de vista diplomático, a carta é um documento de desenho mais ou menos padronizado e informativo.:

> (...) a carta é uma forma de correspondência largamente utilizada para transmitir informações, solicitar favores, fazer convites etc. Sem ser obrigatório, diplomaticamente, há uma certa padronização. Protocolo inicial: datas tópica e cronológica. Endereçamento. Direção. Texto: paragrafado, com a exposição e o objetivo da carta. Protocolo final: fecho de cortesia, assinatura, nome e cargo do signatário. (BELLOTTO, 2002, p. 51-52)

Os escritos que obedecem a esse padrão denominam-se *escritos do tipo 1*. Como exemplo, reproduzimos a seguir o escrito 50.

> Rio de Janeiro, 5 de dezembro de 1903.
> Excelentíssimas Irmãs,
> Peço guardar meu filho
> até que as minhas forças
> permitam ir buscá-lo com
> o auxilio [rasgado][103]s e das boas
> Irmãs, [rasgado] filho chama-se
> José e os [rasgado] que darei são:
> uma cópia desta carta e

---

[102] Consultamos um total de aproximadamente 800 escritos da roda, entre os vários arquivos pesquisados.
[103] Recorte quadrado com bordas irregulares na parte central do escrito.

uma medalha com o nome
de meu filho e o meu — guardarei
uma medalha e a outra igual
acompanha meu filho.
Cassiana
que fica agradecida e pede
a Deus pela felicidade de todos.

A carta segue a padronização proposta por Bellotto, e pode ser dividida em três partes: protocolo inicial, texto (exposição e dispositivo) e protocolo final.

Protocolo inicial	Data tópica	Rio de Janeiro
	Data cronológica	5 de dezembro de 1903
	Endereçamento	Excelentíssimas Irmãs
Texto	Exposição *Dispositio*	filho chama-se José e Peço guardar meu filho até que as minhas forças permitam ir buscá-lo com o auxílio [rasgado] e das boas Irmãs. [rasgado] filho chama-se José e os [rasgado] que darei são: uma cópia desta carta e uma medalha com o nome de meu filho e o meu — guardarei uma medalha e a outra igual acompanha meu filho.
Protocolo final	Assinatura	Cassiana
	Fecho de cortesia	que fica agradecida e pede a Deus pela felicidade de todos.

Agrupamos os escritos que se classificam como *carta*, independentemente de sua extensão ou da presença de todas as partes da estrutura documental.

Nos *escritos do tipo 1* há, como partes, um autor (ou autores intelectual e material) e um destinatário, mesmo que não explicitados nos protocolos inicial e final. Na exposição, os textos apresentam regularidade nas informações básicas em relação ao exposto. As informações compreendem, de forma geral, a data de nascimento, o nome e o batismo da criança. O autor também pode expor justificativas para o abandono do exposto e/ou outras informações que julgar pertinentes, como o nome dos genitores, o estado de saúde da criança, a situação financeira da família e outras[104]. Na *dispositio*, o autor realiza solicitações que se referem ao exposto ou a seu resgate em um momento futuro.

A seguir, examinamos o escrito 2.

> Aí vai esse menino com idade de um mês
> e nove dias, que está por batizar e a este
> lhe porão o nome de José Teodoro e aí leva
> uma camisinha usada de bretanha e umas roupinhas de seda azul claro já usadas e leva
> dois cueiros pardos e um azul [*] já lavados
> e leva uma touquinha também usada. Hoje, quarta-feira, 29 do mês de dezembro de 1790.
> E este escrito o guardarão bem arrecadado por causa
> de que seus pais o querem tirar cedo e o não mandarão
> para longe.

---

[104] Ao lado das informações básicas a respeito do exposto e das circunstâncias de seu nascimento, é possível perceber nos escritos da roda a presença de diversos elementos de persuasão, que mereceriam uma análise retórica aprofundada. Os autores dos escritos recorrem, em casos específicos e em graus variados, a justificativas para o depósito da criança e a argumentos para o convencimento do destinatário. Segundo Dante Tringali, a persuasão é uma característica imanente a todo texto e "o objetivo de um texto retórico é primordialmente persuadir um auditório, ou um leitor, a aceitar como verdade o que expõe o orador". In: Tringali, Dante. *Introdução à retórica*: a retórica como crítica literária. São Paulo: Duas Cidades, 1988, p. 20.

PROTOCOLO INICIAL	Data tópica	
	Data cronológica	Hoje, quarta-feira, 29 do mês de dezembro de 1790.
	Endereçamento	
TEXTO	Exposição	Aí vai esse menino com idade de um mês e nove dias, que está por batizar e a este lhe porão o nome de José Teodoro e aí leva uma camisinha usada de bretanha e umas roupinhas de seda azul claro já usadas e leva dois cueiros pardos e um azul [*] já lavados e leva uma touquinha também usada.
	Dispositio	E este escrito o guardarão bem arrecadado por causa de que seus pais o querem tirar cedo e o não mandarão para longe
PROTOCOLO FINAL	Assinatura	

Neste caso, pode-se notar que o protocolo inicial resume-se à datação cronológica, sem apresentar data tópica ou endereçamento. O escrito não apresenta protocolo final e constitui-se apenas do texto, em que constam as duas partes: a exposição e a *dispositio*.

Por sua vez, o escrito 3, apesar de sua brevidade, contém os mesmos elementos, a exposição e a *dispositio*, e pode também ser considerado uma carta em sua forma reduzida. Vejamos a transcrição abaixo:

> Ainda não está batizado: pede-se que
> se lhe ponha João Câncio: o sinal
> é este mesmo bilhete.

PROTOCOLO INICIAL	Data tópica	
	Data cronológica	
	Endereçamento	
TEXTO	Exposição	Ainda não está batizado:
	Dispositio	pede-se que se lhe ponha João Câncio: o sinal é este mesmo bilhete.
PROTOCOLO FINAL	Assinatura	
	Fecho de cortesia	

Este escrito não possui os protocolos inicial e final. Mesmo assim, consiste em um texto breve, em que se podem observar duas partes: a exposição e a *dispositio*. Na exposição, o autor narra a circunstância que o levou a redigir o documento, que é o fato de a criança que está sendo depositada não ser batizada e, por isso, não ter nome. Na segunda parte do texto, a *dispositio*, o autor solicita que o exposto receba o nome de João Câncio e que o destinatário guarde o escrito, para que sirva de sinal, caso o responsável venha buscar a criança.

ESCRITOS DO TIPO 2

Há um segundo conjunto que denominamos escritos do Tipo 2. Este tipo documental corresponde ao gênero *poema*. Não se trata, portanto, de uma espécie documental diplomática, mas sim de um gênero literário. Definimos *poema* como uma "obra em verso", que pode ser dotada de "estrofes" e "rimas"[105]. Trata-se dos escritos 46 e 55.

---

[105] Poema. "Obra em verso". Cf. Cunha, A. G., 1982. Definimos "rima" como a "igualdade ou semelhança de sons pertencentes ao fim das palavras, a partir da sua última vogal tônica" e "estrofe" como "grupo de dois ou mais versos". Cf. Bechara. Evanildo. *Moderna gramática portuguesa*, 2006, p. 640-44.

Vejamos a transcrição do escrito 46:

> Não é o crime que aqui expõe
> Esta pobre criança, inocentinha;
> Mas de vergonha e lástima pungida
> Com fé, a triste mãe vô-la confia:
> Boas Irmãs, piedade pra pobrezinha.
>
> "Deodato"
> Na Pia seja-lhe este nome dado,
> que bem exprime sua situação;
> à Santa Misericórdia confiado
> não faltará ao infeliz proteção.

O escrito 46 corresponde a um poema de duas estrofes, escritas uma de cada lado do suporte. A primeira estrofe compõe-se de cinco versos e a segunda, de quatro versos. A primeira estrofe apresenta rima entre o segundo e o quinto versos. A segunda estrofe possui rimas entre o primeiro e o terceiro versos e entre o segundo e o quarto versos. Nota-se também que o nome escolhido para a criança (Deodato) "bem exprime sua situação", nas palavras do autor. Nossa hipótese é que o nome da criança faça referência ao fato de que ela tenha sido "dada" a "Deus".

A seguir observamos a convergência do gênero textual com outros elementos diplomáticos analisados.

- **Variação na composição do suporte:** papel amarelo pautado (pauta feita à mão).
- **Variação no formato do suporte:** suporte com formato de pequeno retângulo com uma das margens arredondadas, semelhante a uma etiqueta.
- **Elementos anexados ao suporte:** ilhó inserido no papel.
- **Acréscimos ao texto:** não há.

A convergência desses elementos permite inferir que o escrito foi produzido intencionalmente em formato de etiqueta, e poderia estar originalmente preso ao exposto ou a uma peça do enxoval da criança, por meio de uma fita ou fitilho. A hipótese é reforçada pela presença do ilhó, cuja função seria deixar passar a fita ou o fitilho.

Embora o escrito 46 tenha uma estrutura redacional do Tipo 2, há partes do texto que têm a função da *expositio* e da *dispositio*, como indicamos a seguir.

Protocolo Inicial		
Texto	Exposição	Não é o crime que aqui expõe Esta pobre criança, inocentinha; Mas de vergonha e lástima pungida Com fé, a triste mãe vô-la confia à Santa Misericórdia confiado não faltará ao infeliz proteção. boas Irmãs, piedade pra pobrezinha.
	Dispositio	"Deodato" Na pia seja-lhe este nome dado, que bem exprime sua situação;
Protocolo Final		

Vejamos a seguir o escrito 55:

São Paulo, 21-2-1922.
Dor de Mãe
Filho, não posso agasalhar-te a vida,
parece que a vida se me vai finar.
Quem te pudesse, a ti, serafim
levar junto a mim para a campa final.

À campa eu vou depois da morte.
Quem sabe a sorte que minha alma tem,
que anseios, filho, que amor profundo.
Vai neste mundo a vida de tua mãe.

A todos perdão que me deram tratos
Raça de ingratos, ingratidão sem fim.
Não choro os dias que eu sonhei serenos
A sepultura ao menos a tudo dará fim.

Se tu morreres
Vai, filho, os anjos te recebam lindos
E guarda os segredos que me ouvis daqui.
E se avistares do Senhor a sede
Por mim lhe pede que eu também morri.

Se morrer-
mos sem
nos vermos
mais, que
Deus nos
junte nos Céus.
Adeus,
meu filho,
pede a
Deus por
mim.
Adeus.

Vai, filho, aos anjos que te deram seus cantos
por estes prantos os meus olhos têm.
E se em mim perdes maternal ternura,
a Virgem pura que te seja mãe.
Teu pai rogado por inglória senda
que vida horrenda viverá também.
Sem o destino nosso, mais puder saber.
Se foi morrer, seu filho e tua mãe.

Se eu morrer te deixarei somente
meu beijo ardente o derradeiro adeus.
São os tesouros que eu para ti contenho,
nada mais tendo que oferecer-te os Céus.
Fim

Pelas chagas de Cristo lhe peço guardarem este papel junto com o meu filho que eu, se Deus
me der vida e saúde, daqui alguns meses darei
o que eu puder para encontrar meu filho.
Peço não o darem sem que levem
uma carta igual a esta e o retrato também.

O escrito 55 constitui-se de uma folha que contém datas cronológica e tópica. O autor reproduz dois poemas em sequência, utilizando frente e verso. O primeiro intitula-se "Dor de mãe" e possui quatro estrofes; o segundo tem o título de "Se tu morreres" e é composto de 3 estrofes.

Não foi possível identificar a autoria dos poemas. Não podemos afirmar tratar-se de autor desconhecido, de textos que circulavam na época ou de textos compostos pelo autor do escrito. Após a reprodução dos poemas, encontramos a palavra "fim" e um texto que contém deliberações do autor em relação ao exposto e ao sinal.

A seguir, observaremos se existe convergência com outros elementos diplomáticos.

- **Variação na composição do suporte:** papel branco pautado.
- **Variação no formato do suporte:** não há.
- **Elementos anexados ao suporte:** não há.
- **Acréscimos ao texto:** não há.

Concluímos que a única particularidade deste escrito é a utilização do papel pautado como suporte. Embora o escrito 55 tenha uma estrutura redacional do Tipo 2, é possível reconhecer partes em que podemos considerar o protocolo inicial (data tópica, data cronológica e invocação), e uma parte textual que consideramos a *dispositio*.

Protocolo inicial	Data tópica	São Paulo
	Data cronológica	21-12-1922
	Invocatio	Pelas chagas de Cristo
Texto	*Dispositio*	lhe peço guardarem este papel junto com o meu filho, que eu se Deus me der vida e saúde daqui alguns meses darei o que eu puder para encontrar meu filho peço não o darem sem que levem uma carta igual a esta e o retrato também.
Protocolo final		

ESCRITOS DO TIPO 3

Agrupamos dois escritos da roda que correspondem a narrativas. Utilizamos o termo *narrativa* com o sentido de "obra em que se conta ou relata algo".[106] Esses escritos correspondem à fala de um personagem sem voz no mundo real: o próprio exposto conta a sua história, como se fosse o autor intelectual e material do escrito. Esta forma encontra-se nos escritos 29 e 57.

A seguir, transcrevemos o escrito 29.

---

106 Narrar. "Relatar, contar, expor" 1813. || narrativa XVII. Cf. Cunha, A. G., 1982.

> Eu me chamo Severina, estou batizada.
> Meus pais são muito pobres, minha mãe acha-se
> bastante enferma no hospital. É quem me alimen-
> tava. Venho hoje e logo que ela fique resta-
> belecida me virá buscar. Sou filha de casada e
> a necessidade é grande.
> Rio de Janeiro, 24 de janeiro de 1858.

Ao estudar a presença de elementos diplomáticos convergentes, encontramos as seguintes características.

- **Variação na composição do suporte:** não há.
- **Variação no formato do suporte:** não há.
- **Elementos anexados ao suporte:** não há.
- **Acréscimos ao texto:** desenho de coração na margem superior com texto inserido e desenho de coração duplo na margem inferior com iniciais inseridas.

Nossa hipótese é a de que os acréscimos ao texto reforçam a simbologia da situação familiar descrita nas partes textuais, com o fim de convencer o destinatário da veracidade da mensagem. Na margem superior, o coração representaria a criança e o coração duplo com as iniciais, os pais da criança.

Ao efetuarmos a transposição dos elementos da narrativa e analisarmos como partes do texto, temos o seguinte resultado.

Protocolo inicial	Datação tópica	Rio de janeiro
	Datação cronológica	24 de janeiro de 1858
Texto	Exposição	Eu chamo-me Severina, estou batizada, meus pais são muito pobres, minha mãe acha-se bastante enferma no hospital, é quem me alimentava, venho hoje, sou filha de casada, e a necessidade é grande.
	Disposição	logo que ela fique restabelecida me virá buscar.
Protocolo final		

O escrito 57 também apresenta uma narrativa. Cabe ressaltar a utilização do léxico da criança ("mamãe", "inteirinho" e "gordinho"). A seguir, apresentamos a transcrição do texto.

Recebam-me
Chamo-me Antônio.
Sou um orfãozinho
de pai, porque ele abando-
nou minha mamãe.
Ela é muito boa e
me quer muito bem, mas
não pode tratar de mim.
Estou magrinho assim
porque ela não tem leite,
é muito pobre e precisa
trabalhar.
Por isso ela me pôs
aqui para a Irmã Úrsula
tratar de mim.
Não me entreguem a nin-
guém porque minha mamãe

> algum dia vem me buscar.
> O meu nome inteirinho
> é Antônio Moreira de
> Carvalho, e o da minha mãe é
> Angélica. Estou com sapinho e
> com fome.
> Minha mamãe não
> sabe tratar do sapinho
> e não sabe o que me dar
> para eu ficar gordinho.
> Minha mãe também
> agradece os seus Senhores pelo
> bom trato que me derem.
> 27-06-1922

A seguir, comparamos o texto do escrito com outros elementos diplomáticos estudados anteriormente.

- **Variação na composição do suporte:** papel branco pautado (folha de livro-caixa).
- **Variação no formato do suporte:** não há.
- **Acréscimos ao texto:** não há.

O elemento que podemos acrescentar ao texto é o fato de ter sido escrito em uma folha de livro-caixa, um papel que não se destina à elaboração de uma carta. Nossas hipóteses são de que a escolha deste suporte deva-se: à falta de recursos do autor — o que o levaria a utilizar o suporte de que dispusesse; à falta de interesse em buscar um material adequado para redigir o escrito; à intenção de ressaltar a falta de recursos da criança ou ao fato de que o autor tenha uma atividade relacionada ao comércio.

Embora o escrito 57 obedeça a uma tipologia específica do Tipo 3, podemos dividi-lo em suas partes textuais:

PROTOCOLO INICIAL	Datação cronológica	27/06/1922
TEXTO	Exposição	Chamo-me Antônio. Sou um orfãozinho de pai, porque ele abandonou minha mamãe. Ela é muito boa e me quer muito bem, mas não pode tratar de mim. Estou magrinho assim, porque ela não tem leite, é muito pobre e precisa trabalhar. Por isso ela me pôs aqui para a Irmã Úrsula tratar de mim. O meu nome inteirinho é Antônio Moreira de Carvalho, e o da minha mãe é Angélica. Estou com sapinho e com fome. Minha mamãe não sabe tratar do sapinho e não sabe o que me dar para eu ficar gordinho.
	Dispositio	Recebam-me. Não me entreguem a ninguém, porque minha mamãe algum dia vem me buscar.
PROTOCOLO FINAL	Fecho de cortesia	Minha mãe também agradece aos Senhores pelo bom trato que me derem.

A análise revela que o escrito apresenta-se bastante completo do ponto de vista de sua estrutura redacional, o que revela competência do autor em utilizar a forma narrativa em substituição à forma epistolar.

ESCRITOS DO TIPO 4

Bellotto (2002, p. 42) lembra que as espécies diplomáticas podem deixar de conter algumas das partes documentais, mas "todo documento cuja estrutura comporta dados fixos e dados variáveis pode ser submetido à análise diplomática". Os escritos que denominamos Tipo 4 não possuem as partes documentais mínimas para serem submetidos a uma análise diplomática completa. Trata-se dos escritos 21 e 24. No entanto, comparando-se estes aos outros escritos da roda, é possível concluir que eles relacionam fatos referentes ao exposto. São dados que podem ser considerados elementos de uma *expositio* rudimentar ou incompleta.

Transcrevemos o escrito 21.

> José Bonfim Barbosa
>
> : 20 de outubro de 1959
> Mãe: Gregória Barbosa
> Pai: José Ribeiro
> Cartório Campo Grande
> Forte São Pedro
> Legião Brasileira

Ao analisar as demais variações nos elementos intrínsecos e extrínsecos, observamos o seguinte resultado.

- **Variação na composição do suporte:** papel amarelo sem pauta (espesso, liso, semelhante a papel-cartão).
- **Variação no formato do suporte:** não há.
- **Elementos anexados ao suporte:** não há.
- **Acréscimos ao texto:** não há.

O único elemento digno de nota é a variação na composição do suporte. Podemos inferir que exista alguma correlação entre a exiguidade dos elementos referidos e a estrutura rígida do suporte material; no entanto, trata-se de uma hipótese sem comprovação.

Os dados listados pelo autor podem se constituir em um expositivo rudimentar, como se apresentam a seguir.

Protocolo Inicial		
Texto	Exposição	José Bonfim Barbosa Nascimento: 20 de outubro de 1959 Mãe: Gregória Barbosa Pai: José Ribeiro Cartório Campo Grande Forte São Pedro Legião Brasileira
Protocolo Final		

Segue transcrição do escrito 24.

> Isabel Cristina Marques
> Batizada
> Nascida em 18 de julho de 1961
> Amália Marques

Ainda mais reduzido que o anterior, o escrito 24 arrola apenas o nome, a condição de batismo e a data de nascimento da exposta, incluindo o possível nome da mãe.

Cotejando o escrito com os demais elementos diplomáticos, observamos o seguinte resultado.
- **Variação na composição do suporte:** papel amarelo sem pauta (espesso, liso, semelhante a papel-cartão).
- **Variação no formato do suporte:** não há.
- **Elementos anexados ao suporte:** não há.
- **Acréscimos ao texto:** não há.

Assim como o escrito 21, o 24 também apresenta como única variação a composição do suporte. Seu autor também fez uso de suporte espesso, semelhante a papel-cartão.

O arrolamento dos dados do exposto podem ser analisados como uma exposição rudimentar e o nome, colocado no fim do texto, pode ser entendido como uma subscrição.

Protocolo Inicial		
Texto	Exposição	Isabel Cristina Marques | Batizada | Nascida em 18 de julho de 1961 |
Protocolo Final		Amália Marques

Ao termos concluído o estudo tipológico dos escritos da roda, segue um quadro-resumo com a classificação tipológica dos escritos da roda de nosso *corpus*.

Quadro 22 — Classificação tipológica dos escritos do *corpus*

Escritos Tipo 1	Escritos Tipo 2	Escritos Tipo 3	Escritos Tipo 4
1, 2, 3, 4, 5, 6, 7, 8, 9, 10, 11, 12, 13, 14, 15, 16, 17, 18, 19, 20, 22, 23, 25, 26, 27, 28, 30, 31, 32, 33, 34, 35, 36, 37, 38, 39, 40, 41, 42, 43, 44, 45, 47, 48, 49, 50, 51, 52, 53, 54, 56, 58, 59, 60	46, 55	29, 57	21, 24

É importante ressaltar que embora os escritos da roda ofereçam 4 diferentes tipologias, eles contêm as mesmas informações básicas sobre a criança: data de nascimento, nome e se está ou não batizada. Também trazem as vontades e intenções do autor a respeito do exposto e os sinais com que pretende identificá-lo no momento de seu resgate. Podemos levantar a hipótese de que a escolha do Tipo 2 ou Tipo 3 pode ser uma tentativa de o autor do escrito tornar sua identidade ainda mais oculta.

A incerteza quanto ao autor intelectual/material dos escritos permanece e a relação entre o autor do escrito e o exposto também continua uma questão para a qual a filologia oferece diversos recursos a problematizar, mas, pelo contexto de anonimato da roda, não é possível resolver.

CONSIDERAÇÕES FINAIS

As pesquisas realizadas nos acervos da Santa Casa de Misericórdia de Lisboa, da Santa Casa de Misericórdia da Bahia, da Santa Casa do Rio de Janeiro e da Santa Casa de São Paulo permitiram atestar a similaridade da dinâmica de funcionamento das rodas dos expostos e do acolhimento das crianças. Sob uma perspectiva filológica, identificamos características codicológicas do *corpus* constituído, em que se notou a presença de elementos textuais e não textuais comuns nos escritos.

Da análise diplomática dos sessenta documentos manuscritos, que designamos "escritos da roda", produzidos entre as datas de 1790 e 1969, inferimos seguramente a existência de determinados padrões. O contexto de anonimato em que os escritos circulavam revelou-se recorrente por meio de análise dos endereçamentos, das subscrições utilizadas e também pela presença abundante de sinais.

No estudo dos protocolos iniciais, constatamos que a maioria dos manuscritos (49) não apresenta um destinatário explícito. Quando o autor dirige-se a alguém, trata-se de um destinatário coletivo, institucional ou indeterminado, o que sugere desconhecimento do destinatário por parte dos autores dos escritos.

No estudo dos protocolos finais, verificou-se que a maior parte dos documentos (40) não tem nenhum tipo de subscrição. Entre os escritos que apresentam identificação de autoria, esta é feita por meio de assinaturas ou rubricas indecifráveis ou somente com as iniciais do autor. Apenas quatro escritos trazem o nome completo do autor; este fato está diretamente relacionado com a entrega anônima de crianças para a roda.

Dividimos o estudo do texto dos escritos em duas partes principais: a exposição (*narratio*), na qual o autor relaciona os dados referentes ao exposto que considera importantes, e a disposição (*dispositio*), em que o autor manifesta suas vontades e intenções ao destinatário. Nesta parte do texto, os dados mais relevantes referem-se ao nome da criança (53 escritos), à data de nascimento (39) e ao fato de a criança estar ou não batizada (37 ocorrências).

De modo geral, verificamos que seus autores utilizam-se de construções simples, em ordem direta, com o uso das flexões dos verbos *nascer*, *entrar* e *ir*. Outro modo de relatar o depósito da criança na roda consiste no emprego dos verbos *entregar*, *remeter*, *botar* e *pôr* em construções em que o sujeito é o autor do escrito.

A *dispositio* está explicitada pela utilização dos verbos *guardar*, *buscar*, *conservar*, *pedir*, *procurar*, *reclamar*, *rogar* e *tirar*, e concerne às solicitações do autor em relação ao exposto e às determinações referentes aos sinais e ao resgate da criança.

A presença de sinais é própria dos escritos da roda; esta foi constatada, abundantemente, tanto em elementos não textuais como no próprio texto dos escritos. Todos os documentos que apresentavam elementos anexados ao suporte mencionavam textualmente sua presença como sinal. Variações na composição e no formato do suporte, bem como a presença de acréscimos ao texto foram encontradas em um número significativo de escritos. Alguns desses elementos foram referidos pelos próprios autores como sinais, em menções textuais. Nos demais casos, não se pode afirmar conclusivamente que os elementos fossem sinais.

Em mais da metade dos escritos da roda (35 documentos), o autor referiu-se explicitamente a algum tipo sinal; o mais recorrente foi a solicitação da guarda do escrito (13). Em alguns casos, os autores mencionaram o fato de possuírem uma cópia do escrito; em outros casos, fizeram referência à parte faltante do escrito. Outros sinais bastante mencionados foram as peças de enxoval, descritas em certos casos com abundância de detalhes. Encontramos referências a argolas e medalhas de que as crianças eram portadoras, que poderiam servir de sinal de identificação.

Verificou-se que, além das informações básicas a respeito do exposto e das circunstâncias de seu nascimento, é possível perceber que os autores recorrem, em casos específicos e em graus variados, a justificativas para o depósito da criança e a elementos para persuadir o destinatário a atender às suas solicitações de bem tratar o exposto[107].

A realização do estudo tipológico dos escritos da roda permitiu concluir que grande parte dos manuscritos corresponde à espécie documental *carta*, tanto em sua função de transmitir informações e solicitar favores, como também em sua forma, que "diplomaticamente apresenta certa padronização não obrigatória", com protocolo inicial, texto e protocolo final, conforme lição de Bellotto (2002, p. 51-52). Denominamos esse agrupamento tipológico como Tipo 1, que contempla 54 escritos. Mas nem todos os escritos correspondem a tal padrão tipológico. Denominamos escritos Tipo 2 os que correspondem ao gênero *poema*, com duas ocorrências; e denominamos Tipo 3 os escritos que correspondem ao gênero *narrativa*, com duas ocorrências. Por fim, denominamos Tipo 4 os escritos que não possuem as partes documentais mínimas para uma análise diplomática completa, com duas ocorrências.

Quanto à função, a análise comparativa dos escritos da roda presentes em nosso *corpus* e as centenas de outros consultados revelou que mesmo em suas diferenças tipológicas, os escritos da

---

[107] Estes elementos persuasivos mereceriam análise retórica aprofundada, que não foi realizada por não fazer parte do escopo deste trabalho.

roda compartilham de um objetivo comum, qual seja, transmitir ao destinatário informações básicas sobre a criança e expressar vontades e intenções a respeito do exposto e dos sinais com os quais pretende identificá-la no momento de seu resgate. E também apresentar justificativas que visam a comover o destinatário e persuadi-lo a bem tratar a criança.

Portanto, esta regularidade nos escritos da roda revela que mesmo não se tratando de documentos oficiais, constituem documentos informais de identificação da criança e, embora não haja uma chancela, tampouco fórmulas divulgadas oficialmente para sua elaboração por meio de um manual, até onde se tem notícia, esses escritos representam a consolidação de uma parte do que chamamos "cultura da roda".

POSFÁCIO

Este livro resulta de um trabalho singular. Derivado de uma tese de doutorado de Elizangela Dias, realizada na USP, ele aporta ao grande público duas grandes contribuições. A primeira diz respeito à qualidade de sua investigação, que se debruça sobre os documentos encontrados nas rodas dos expostos, para estudá-los da perspectiva de sua produção material e de sua transmissão através do tempo. A segunda assenta na clareza e objetividade com que a pesquisadora conversa com o leitor, mesmo aquele não especializado, sobre temas de interesse de toda a sociedade, sobretudo questões voltadas à história do Brasil e suas práticas sociais relacionadas à infância e à família, que ainda hoje determinam nossos modos de viver e de pensar.

Elizangela é uma pesquisadora generosa e aí está seu grande mérito. Ao se empenhar em divulgar e fazer circular o seu trabalho e suas conclusões, abre inúmeras possibilidades concretas à reflexão e ao estudo de diversos campos do conhecimento. Trata-se da função transcendente da filologia, ao levantar hipóteses que procuram situar o texto na história da cultura e em uma longa tradição cultural. Historiadores, cientistas sociais, educadores, juristas e outros estudiosos poderão, a partir do trabalho pioneiro de Dias, desvendar alguns atributos intrigantes e menos conhecidos de nossas tradições culturais, num aspecto dramático e penoso de nossa história: o abandono de crianças financiado pelo Estado.

Após o lançamento do expressivo volume *De uma página a outra*, também de análise filológica (voltada a um aspecto dos textos antigos impressos, denominado reclame), temos agora a oportunidade de conhecer o belo trabalho de Elizangela Dias voltado aos escritos das rodas dos expostos.

Prof. Dr. Marcelo Módolo
Professor do Departamento de Letras Clássicas e Vernáculas
Universidade de São Paulo

BIBLIOGRAFIA

ALMEIDA, J. S. G. Um estudo sobre o ensino ministrado nas casas dos expostos em educação, às crianças identificadas como pobres, desamparadas e ou abandonadas na cidade de Salvador (1847-1862). *Anais do VII Congresso Brasileiro de História da Educação*, Cuiabá, 2013.

AMARAL, A. B. do. *Dicionário de história de São Paulo*. São Paulo: Imprensa Oficial, 2006. p. 548.

ANTUNES, J. F. D. *Criação e inserção de expostos na roda de Lisboa na comarca de Torres Vedras no tempo da monarquia constitucional:* identidades e percursos de vida. [Dissertação de mestrado em História Moderna e Contemporânea]. Lisboa: Faculdade de Letras, Departamento de História, Universidade de Lisboa, 2014.

ARANTES, E. M. de M. Arquivo e memória sobre a Roda dos Expostos do Rio de Janeiro. *Pesquisas e práticas psicossociais*, v. 5, n. 1, p. 6, São João del-Rei, jan.-jul. 2010.

AZZI, R. (Org.). *Congregação das Irmãs de São José*: educação, saúde e assistência social na Província de São Paulo (1859-1909), v. I, São Paulo: Congregação das Irmãs de São José Chambéry, 2012.

BECHARA, E. *Moderna gramática portuguesa*. Rio de Janeiro: Lucerna, 2006.

BELLOTO, H. L. *Como fazer análise diplomática e análise tipológica de documento de arquivo*. São Paulo: Arquivo do Estado/Imprensa Oficial do Estado, 2002.

BLUTEAU, R. *Dicionário da língua portuguesa*. 2 vols. Lisboa: Officina de Simão Thadeo Ferreira, 1789.

BRASIL. Decreto nº 17.943-A, de 12 de outubro de 1927 [Código de Menores (1927); Código Mello Mattos].

_____. Decreto-Lei n° 2.848, de 7 de dezembro de 1940. Institui o Código Penal. Diário Oficial da União de 31.12.1941 e retificado em 3.01.1941, Brasília, DF.

_____. Lei n° 8.069, de 13 de julho de 1990. Dispõe sobre o Estatuto da Criança e do Adolescente, e dá outras providências. Diário Oficial da União de 16.07.1990 e retificado no dia 27.09.1990, Brasília, DF.

_____. Constituição. *Constituição da República Federativa do Brasil*. Brasília, DF, 1998. Institui o Código de Menores, consolidando as leis de assistência e proteção a menores.

CAMBRAIA, C. N. *Introdução à crítica textual*. São Paulo: Martins Fontes, 2005.

CARNEIRO, G. *O poder da misericórdia*. Vols. I e II. São Paulo: Press Grafic, 1986.

COIMBRA, A. A. F.; SANTOS, P. M. A.; RODRIGUES, J. P.; CASTRO, M. F.; WYNANTS, H. *Ordenações Manuelinas*, Livro I, Título LXVII. *Do Juiz dos orfãos, e cousas que a seu Officio pertencem*. Disponível em: http://www1.ci.uc.pt/ihti/proj/manuelinas/. Acessado em: 19 de junho de 2017).

COSTA, M. P. Glossário de termos têxteis e afins. *Revista da Faculdade de Letras, Ciências e técnicas do património*. Porto, v. III, p. 137-61, 2004.

CUBEIRO, T. M. R. *A assistência à infância em Torres Novas*: estudo dos subsídios de lactação concedidos pela Câmara Municipal (1873-1910). Dissertação de mestrado em História Contemporânea. Coimbra, Portugal: Faculdade de Letras da Universidade de Coimbra, 2011.

CUNHA, A. G. *Dicionário etimológico*. Nova Fronteira da Língua Portuguesa. Rio de Janeiro: Nova Fronteira, 1982.

DURANTI, L. Diplomatics: New Uses for an Old Science. (Parte I) in: *Archivaria*, Otawa (Canadá), v. 28, p. 7-27, 1989.

_____. Diplomatics: New Uses for an Old Science. (Part III) in: *Archivaria*, Otawa (Canadá), v. 30, p.4-20, 1990.

_____. Diplomatics: New Uses for an Old Science. (Part V) in: *Archivaria*, Otawa (Canadá), v. 32, p. 6-24, 1991.

FAUSTO, B. *História do Brasil*. São Paulo: Edusp, 1995.

FAZENDA, J. V. *Antiqualhas e memórias do Rio de Janeiro*. Revista do Instituto Histórico e Geográfico Brasileiro (RIHGB), Rio de Janeiro, IHGB, v. 149, 1924.

FERREIRA, L. V. *A criação de enjeitados em Vila Rica*: a permanência da caridade (1775-1850). Dissertação (mestrado). Universidade Federal de Ouro Preto, 2011.

FLECHOR, M. H. *Abreviaturas:* manuscritos dos séculos XVI ao XIX. São Paulo: Editora Unesp, 1991.

FRANCO, R. J. *A piedade dos outros:* o abandono de recém-nascidos em uma vila colonial, século XVIII. Rio de Janeiro: Editora FVG, 2014. 256p.

HOUAISS, Antônio. *Dicionário Houaiss da língua portuguesa*. (6 vols.) Lisboa: Círculo de Leitores, 2002-03.

Inventário da criação dos expostos do Arquivo Histórico da Santa Casa da Misericórdia de Lisboa. Lisboa: SCML, 1998.

KUHLMANN JÚNIOR, M.; ROCHA, J. F. T. Educação no Asilo dos Expostos da Santa Casa em São Paulo: 1896-1950. *Cadernos de Pesquisa*, v. 36, n. 129, set.-dez., 2006.

LEANDRO, J. A Roda dos Expostos. *Revista Saúde Infantil*, v. 33, n. 1, p. 13-14, 2011.

MACHADO DE ASSIS, J. M. "Pai contra mãe". Disponível em: http://www.dominiopublico.gov.br/download/texto/bv000245.pdf. Acessado em: abril 2017.

MANOEL, F. D. A voz dos sinais. *Cidade Solidária*, Lisboa: Santa Casa de Misericórdia de Lisboa, n° 15, ano I, 2006, p. 76-85.

_____.; ANTÃO, N. M. *À descoberta do arquivo:* roteiro da visita ao Arquivo Histórico da Santa Casa da Misericórdia de Lisboa. SCML, 2010.

_____.; _____. Para além dos silêncios do Arquivo: o acervo da Santa Casa de Misericórdia de Lisboa e a investigação historiográfica. *Cidade Solidária*, Lisboa: Santa Casa de Misericórdia, n° 24, ano III, p. 174-94, julho 2010.

MANOEL, F. D.; COLEN, M. L. G. B. Os expostos e desamparados na Misericórdia de Lisboa. *Cidade Solidária*, Lisboa: Santa Casa de Misericórdia, ano II, p. 38-49, 1999.

_____.; _____. O novo arquivo: um espaço de cultura e qualidade. *Cidade Solidária*, Lisboa, ano IX, p. 3-11, julho 2006.

MANOEL, F. D.; MORNA, T. F. Os Expostos da Roda da Santa Casa da Misericórdia de Lisboa. Uma exposição com catálogo. *Cidade Solidária*, Lisboa: Santa Casa da Misericórdia de Lisboa, n° 7, ano IV, p. 108-15, 2001.

_____.; _____. Para além dos silêncios do Arquivo: o acervo da Santa Casa de Misericórdia de Lisboa e a investigação historiográfica. *Cidade Solidária*, Lisboa: Santa Casa de Misericórdia, n° 24, ano III, p. 174-94, julho 2010.

MARQUILHAS, R. *A Faculdade das Letras*: leitura e escrita em Portugal no séc. XVII. Lisboa: Imprensa Nacional-Casa da Moeda, 2000.

MEGALE, H.; TOLEDO NETO, S. de A. (Org.) *Por minha letra e sinal*: documentos do ouro do século XVII. São Paulo: Ateliê Editorial, 2006.

MESGRAVIS, L. *A Santa Casa da Misericórdia de São Paulo (1599-1884)*: contribuição ao estudo da assistência social no Brasil. São Paulo: Conselho Estadual de Cultura, 1976. (Coleção Ciências Humanas)

MOISÃO, C. Histórias da História: hospitais medievais de Lisboa; parte II. *Revista Ordem dos Médicos*, 2012, p. 78-82.

MONTE, V. M. do. Exemplo de descrição codicológica: documentos setecentistas. *Revista de Filologia e Linguística Portuguesa*, n. 10-11, p. 103-20, 2008-2009.

MOURA, V. G. *Roda dos meninos expostos*: Auto breve de Natal. Lisboa: Quetzal Editores, 1987.

ORLANDI, O. *Teoria e prática do amor à criança*: introdução à pediatria social no Brasil. Rio de Janeiro: Jorge Zahar, 1985.

PAULINO, J. C. V. Os Expostos em Números. Uma análise quantitativa do abandono infantil na Santa Casa da Misericórdia de Lisboa (1850-1903). Atas do IX Encontro Nacional de Estudantes de História,

Porto, Universidade do Porto, Faculdade de Letras, Biblioteca Digital, 2014. p. 185-215, e-book.

PINTO, A. J. G. Compilação das providências que a bem da criação, e educação dos expostos ou enjeitados se tem publicado, e acham espalhadas em diferentes artigos da legislação pátria, a que acrescem outras, que respeitando ao bom regime, e economia da sua administração, e sendo com tudo filhas das mesmas leis, tem a experiência provado a sua utilidade. Lisboa: Impressão Régia, 1820.

PORTUGAL. *Código Penal.* Lisboa: Imprensa Nacional, 1855.

PUBLIO, C. A. M. Significativos traços do abandono social da criança e do adolescente no Brasil. *Cadernos de Ciências Sociais Aplicadas*, ano 8, Vitória da Conquista: UESB, n° 12, 2011.

Regulamento para o Serviço dos visitadores. [Santa Casa de Misericórdia de Lisboa], Lisboa: Typographia do Futuro, 1873.

REIS, M. J. P. Margens sociais. *Cidade Solidária.* Lisboa: Santa Casa de Misericórdia, ano XV, p. 153-63, 2012.

REZZUTTI, P. *D. Pedro.* A história não contada. São Paulo: LeYa, 2015.

RIBEIRO, L. M. A assistência à saúde da infância e filantropia na Bahia: A Liga Baiana contra a mortalidade infantil (1923-1937). In: *Anais do XIV Encontro Regional da ANPUH-Rio, Memória e Patrimônio;* 2010, p. 8.

RIBEIRO, V. *A Santa Casa da Misericórdia de Lisboa (Subsídios para a sua História) 1498-1898.* Instituição, vida histórica, estado presente e seu futuro. Lisboa: Typographia da Academia Real das Sciencias, 1902.

RODRIGUES, M. J. M; MANOEL, F. D.; DIAS, M. T.; SOEIRO, L. S. *Sinais de Expostos:* Exposição Histórico-documental. Lisboa: SCML, 1987.

RUSSELL-WOOD, A. J. R. *Fidalgos e filantropos*: a Santa Casa de Misericórdia da Bahia, 1550-1755. Brasília: Editora da Universidade de Brasília, 1981.

SÁ, I. As idades da Misericórdia de Lisboa: velhos e novos pobres. In: *Visitação. O Arquivo:* memória e promessa. Lisboa: [SCML], 2014.

SANTANA, A. *Santa Casa de Misericórdia da Bahia e sua prática educativa;* 1862-1934. Tese apresentada ao Programa de Pós-Graduação em Educação. Salvador: Faculdade de Educação, Universidade Federal da Bahia, 2008. 230p.

SILVA, D. S. M. Estatuto da criança e do adolescente: por que o ECA não está sendo cumprido? *Âmbito Jurídico*, Rio Grande, v. 146, ano XIX, 2016.

SILVA, R. da. A construção do Estatuto da Criança e do Adolescente. *Âmbito Jurídico*, Rio Grande, II, n. 6, ago. 2001.

SPINA, S. *Introdução à edótica*: crítica textual. São Paulo: Cultrix, 1977.

TESSIER, G. *Le Diplomatique*. Paris: Presses Universitaires, 1952.

TRINGALI, D. *Introdução à retórica*. São Paulo: Duas Cidades, 1988.

TOLEDO NETO, S. de A. Um caminho de retorno como base: proposta de normas de transcrição para textos manuscritos do passado. *Travessias interativas*. São Cristóvão (Sergipe), n. 20 (v. 10), p. 192-208, jan.-jun. 2020.

VENÂNCIO, R. P. *Famílias abandonadas*: Assistência à criança de camadas populares no Rio de Janeiro e em Salvador; séculos XVIII e XIX. Campinas (São Paulo): Papirus, 1999.

_____. *Da caridade à filantropia*: assistência à infância no Brasil, 1750-1850. Universidade Federal de Ouro Preto, 2008, p. 8-15.

_____. Infância e pobreza no Rio de Janeiro, 1750-1808. *História: Questões & Debates*, Curitiba, Editora UFPR, v. 19, n. 36, p. 129-59, 2002.

OBRAS CONSULTADAS

A Bíblia de Jerusalém. São Paulo: Paulinas, 1985.

ACIOLI, V. L. C. *A escrita no Brasil Colônia*: um guia para leitura de documentos manuscritos. Recife: Ed. Universitária UFPE/Fundação Joaquim Nabuco/Ed. Massangana, 1994.

ALVEZ, M. S. R. *A "Casa da Roda" de Cabo Frio no período de 1830 a 1900*. Dissertação de Mestrado, Programa de Pós-Graduação em Políticas Públicas e Formação Humana, Universidade Estadual do Rio de Janeiro, Rio de Janeiro, 2009.

ANTONIL, A. J. *Cultura e opulência do Brasil por suas drogas e minas*. Introdução e notas de Andreé Mansuy Diniz Silva. São Paulo: Edusp, 2007.

ARIES, P. *História social da criança e da família*. Tradução de Dora Fasksman. 2.ed. Rio de Janeiro: LTC- Livros Técnicos e Científicos Editora S.A., 1981.

AZEVEDO FILHO, L. A. de. *Iniciação em crítica textual*. Rio de Janeiro/São Paulo: Presença/Edusp, 1987.

BARROS, J. de. *Gramática da língua portuguesa*. Lisboa: Olyssippone, 1540.

BASSETTO, B. F. *Elementos de filologia românica*. São Paulo: Edusp, 2005.

BATISTA JUNIOR, J. A vida depois do abandono. *Revista Veja*. São Paulo, p. 24-27, 22/06/2016.

BERWANGER, A. R.; LEAL, J. E. F. *Noções de paleografia e diplomática*. 5.ed. Santa Maria: Ed. da UFSM, 2015.

BOSCHI, C. C. *Os leigos e o poder*: irmandades leigas e políticas colonizadoras em Minas Gerais. São Paulo: Ática, 1986.

BRASIL. Projeto de Lei nº 2.747, de 2008. "Cria mecanismos para coibir o abandono materno e dispõe sobre o instituto do parto anônimo e dá outras providências."

_____. Projeto de Lei nº 2.834 de 2008. Institui o parto anônimo.

_____. Projeto de Lei nº 3.220 de 2008. Institui o parto anônimo.

BUARQUE DE HOLANDA, S. *Raízes do Brasil*. Brasília: Ed. da UnB, (1978).

_____. *Cobra de vidro*. São Paulo: Ed. Perspectiva, 1963.

BUCHALLA, A. P. Salvos pela 'Roda'. *Revista Veja* nº 1998, ano 40, n. 9, p. 73, 07/03/2007.

BUENO, F. S. *Estudos de filologia*; vol 1. São Paulo: Editora Saraiva, 1954.

CARVALHO, C. V. *A situação das Santas Casas de Misericórida*. Brasília: Câmara dos Deputados, 2005.

CASANOVAS, L. E. et al. Condições-ambiente do Arquivo Histórico da Santa Casa da Misericórdia de Lisboa. *Cidade Solidária*. Lisboa: ISSN 0874-2952, n. 19, ano XI, p. 108-15, 2008.

CASTRO, I. *Biblos – Enciclopédia Verbo das Literaturas de Língua Portuguesa*. Lisboa: Verbo, 1995.

_____. *Introdução à história do português*. Lisboa: Edições Colibri, 2004.

_____. O retorno à filologia. In: *Miscelânea de Estudos Linguísticos, Filológicos e Literários* in Memoriam *Celso Cunha*. Rio de Janeiro: Nova Fronteira, 1995. p. 511-20.

CHARTIER, R. O mundo como representação. *Estudos Avançados*, v. 11, n. 5, 1991.

CORREIRA, F. S. *Origens e formação das misericórdias portuguesas*. Lisboa: Livros Horizonte e Misericórdia de Lisboa, 1999.

COSTA, P. S. *Ações sociais da Santa Casa de Misericórdia da Bahia*. Salvador: Contexto e Arte, 2001.

COSTA, R. F. *Um caso de apropriação de fontes textuais*: memória histórica da capitania de São Paulo, de Manuel Cardoso de Abreu, 1796. Tese (Doutorado em Filologia e Língua Portuguesa). Faculdade de Filosofia, Letras e Ciências Humanas, Universidade de São Paulo, São Paulo, 2012.

_____. Um livro manuscrito do século XVIII. *Revista Linguagem:* Estudos e Pesquisas, v. 13, p. 123-38, Catalão (Goiás), 2009.

CUNHA, C. N. C.; MEGALE, H. *A Carta de Pero Vaz de Caminha*. São Paulo: Humanitas/FFLCH/USP, 1999.

DIAS, A. R. B. M. *O abandono de crianças na roda dos expostos da Santa Casa da Misericórdia de Lisboa no século VIII e XIX*. Dissertação de mestrado em Psicologia Clínica e Psicopatologia, Instituto Superior de Psicologia Aplicada, 2007. Disponível em: http://repositorio.ispa.pt/handle/10400.12/482. Acessado em: 15 de agosto de 2015.

DIAS, E. N. A História, a codicologia e os reclames. *Revista Histórica*, São Paulo, v. 4, p. 1-9, 2005.

DUBY, G. *A história continua*. Porto: Asa, 1992. p. 25-26.

DURANTI, L. Diplomatics: New Uses for an Old Science (Part II). *Archivaria*, Otawa (Canadá), v. 29, p. 4-17, 1990.

_____. Diplomatics: New Uses for an Old Science (Part III). *Archivaria*, Otawa (Canadá), v. 30, p. 4-20, 1990.

_____. Diplomatics: New Uses for an Old Science (Part IV). *Archivaria*, Otawa (Canadá), v. 31, p. 10-25, 1990-91. (publicado no inverno de 1990.)

ESCOLAR, H. *História do livro em cinco mil palavras*. Brasília: INL, 1977.

ESTEVES, P. L. M. L. Cordialidade e familismo amoral: os dilemas da modernização. *Revista Brasileira de Ciências Sociais*, Anpocs, v. 36, p. 95-107, 1998.

FACHIN, P. R. M. *Práticas de escrita setecentista em manuscritos da administração colonial em circulação pública no Brasil*. Tese (Doutorado em Filologia e Língua Portuguesa). São Paulo: Faculdade de Filosofia, Letras e Ciências Humanas, Universidade de São Paulo, 2011.

FÁVERO, L. L.; KOCH, I. G. V. *Linguística textual*: introdução. São Paulo: Cortez, 1983.

Federação das Santas Casas e Hospitais Filantrópicos do Rio Grande do Sul, ano V, n. 22, jun. 1999 (ajuste na data da Santa Casa do Rio de Janeiro – Fonte GCH).

FERNANDES, P. S. À descoberta do Arquivo: um roteiro infantil. *Cidade Solidária*, Lisboa: Santa Casa de Misericórdia, 2012, p. 142-48.

FONSECA, A. L. C. do A. Exposição ou abandono de recém-nascido: Uma análise da figura elementar do tipo penal. In: *Âmbito Jurídico*, Rio Grande, XIV, n. 87, abr. 2011. Disponível em: http://www.ambitojuridico.com.br/site/index.php?n_link=revista_artigos_leitura&artigo_id=9397. Acessado em: set. 2015.

FRANCO, R. J. O órfão na colônia. *Revista de História*, n. 61, Rio de Janeiro, Biblioteca Nacional, 2010.

_____. O modelo luso de assistência e a dinâmica das Santas Casas de Misericórdia. *Estudos Históricos*, Rio de Janeiro, v. 27, nº 53, p. 5-25, jan.-jun. de 2014.

FRAZÃO, F. As cartas de jogar e os expostos da Misericórdia de Lisboa. *Cidade Solidária*, Lisboa: Santa Casa de Misericórdia, n. 32, p. 140-49, 2014.

GARCIA, R. R. Estudo paleográfico e codicológico dos documentos de Capivari do século XIX. *Revista Filologia e Língua Portuguesa*, v. 10-11, p. 173-87, 2009.

KHOURY, Y. A. (coord.) *Guia dos arquivos das Santas Casas de Misericórdia do Brasil:* fundadas entre 1500 e 1900. São Paulo: Imprensa Oficial do Estado de São Paulo, PUC-SP/Cedic/Fapesp, 2004. Vols. 1 e 2.

LE GOFF, J. Documento/Monumento. In: *História e memória*. 2. ed. Campinas: Editora da Unicamp, 1992. p. 535-53.

LOPES, P. S. V. *O arquivo*: Memória e Promessa. Lisboa: Santa Casa de Misericórdia, 2014.

MACHADO, A. R.; BEZERRA, M. A. (orgs.). *Gêneros textuais e ensino*. 2. ed. Rio de Janeiro: Lucerna, 2003.

_____.; PASSANHA, M. J.; DINIZ, M. B. Preservar e conservar documentos: O Programa de Conservação e Preservação do Arquivo Histórico. *Cidade Solidária*, Lisboa: Santa Casa de Misericórdia, ano IX, p. 74-81, jul. 2006.

MARCILIO, Maria Luiza. *História das crianças abandonadas*. São Paulo: Ed. Hucitec, 1988.

_____. A roda dos expostos e a criança abandonada na História do Brasil. 1726-1950. In: FREITAS, M. C. (org.). *História social da infância no Brasil*. São Paulo: Cortez Editora, 2001.

MARCUSCHI, L. A. Gêneros textuais: definição e funcionalidade. In: DIONISIO, A. P. *et ali. Gêneros textuais e ensino*. 5. ed. - Rio de Janeiro: Lucerna, 2007. p. 159.

MARTINS, W. *A palavra escrita*. São Paulo: Ática, 2001.

MATTOSO, J. (dir.). *História da vida privada em Portugal*. A idade moderna. Lisboa: Temas e Debates/Círculo de Leitores, 2011.

MEGALE, H. *Filologia bandeirante*. São Paulo: Humanitas, 2001.

MELO, A. F. de A. e. *O papel como elemento de identificação*. Lisboa: Biblioteca Nacional, 1926.

MESGRAVIS, L. *A assistência à infância desamparada e a Santa Casa de São Paulo:* a roda dos expostos no século XIX. *Revista de História*, São Paulo, v. 52, n. 103, p. 401-423, 1975.

MONTE, V. M. do. *Correspondências paulistas*: as formas de tratamento em cartas de circulação pública (1765-1775). Tese (Doutorado em Filologia e Língua Portuguesa). São Paulo: Faculdade de Filosofia, Letras e Ciências Humanas, Universidade de São Paulo, 2012.

MORAES, R. B. de. *Livros e bibliotecas no Brasil Colonial*. São Paulo: Secretaria da Cultura, Ciência e Tecnologia do Estado de São Paulo, 1979.

MORAES SILVA, A. *Dicionário da língua portuguesa* – recompilado dos vocabulários impressos até agora, e nesta segunda edição novamente emendado e muito acrescentado por Antonio de Moraes Silva. Lisboa: Typographia Lacerdina, 1813.

MUNHOZ, R. F. *Filologia e discurso na correspondência oficial do Morgado de Mateus:* edição de documentos administrativos e estudo das marcas de avaliatividade. Tese (Doutorado em Filologia e Língua Portuguesa). São Paulo: Faculdade de Filosofia, Letras e Ciências Humanas, Universidade de São Paulo, 2015.

NASCIMENTO, A. C. do. A sorte dos enjeitados. São Paulo: Annablume, 2008.

_____. Frutos da castidade e da lascívia: as crianças abandonadas no Recife (1789-1832) in: *Estudos Feministas*, Florianópolis, v. 15, n. 1, p. 67-83, jan.-abr. 2007.

NOVAIS, F. A. (dir.). *História da vida privada no Brasil*. São Paulo: Companhia das Letras, 1997, v. 1.

ORTÍ, M. M. C., (ed.) *Vocabulaire international de la diplomatique*, 2. ed. Valéncia: Conselleria de Cultura de la Generalitat Valenciana, 1997. Versão on-line Ludwig-Maximillians-Universität, Munique. Disponível em: http://www.cei.Imu.de/VID/.

OSTOS, P. *et al. Vocabulario de codicología*. Madrid: Editorial Arco/libros, 1997.

PRIORE, M. del. *História das crianças no Brasil.* (org.) 7. ed. São Paulo: Contexto, 2010, p. 167.

REZZUTTI, P. *D. Leopoldina*: a história não contada. A mulher que arquitetou a Independência do Brasil. São Paulo: LeYa, 2017.

RUIZ, R. N. *Pressupostos críticos*. São Paulo: Imprensa Oficial do Estado, 1965.

SÁ, I. dos G. "Prefácio". *Inventário da criação dos expostos do Arquivo Histórico da Santa Casa da Misericórdia de Lisboa.* Lisboa: [SCML], 1998.

_____. Segredos de família: os sinais de expostos entre as práticas de identidade e a construção da memória. In: *Os expostos da Roda da Santa Casa da Misericórdia de Lisboa* [Catálogo da exposição]. Lisboa: [SCML], 2001.

SANTANA, A. *Santa Casa de Misericórdia da Bahia e sua prática educativa (1862 – 1934).* Feira de Santana: Editora UEFS, 2012.

SCHNEUWLY, B.; DOLZ, J. *Gêneros orais e escritos na escola*. Trad. Roxane Rojo. (org.) Glaís Sales Cordeiro. 2. ed. Campinas: Mercado das Letras, 2010.

SCHWARZ, S. *Os cristãos-novos em portugal no século XX*. Lisboa: Instituto de Sociologia e Etnologia das Religiões, 1993.

SILVA NETO, S. da. *Textos medievais portugueses e seus problemas*. Rio de Janeiro: Acadêmica, 1956.

SOARES, J. M. *Memórias para a História da Medicina Lusitana*. Lisboa: Academia Real das Sciencias de Lisboa, 1821.

SOARES, U. *O passado heroico da Casa dos Expostos*. Rio de Janeiro: Fundação Romão Duarte, 1959.

SOUZA, J. S. de; MIYOKO, M., (orgs.) *Diário da Navegação*. São Paulo: Edusp/Imprensa Oficial do Estado, 2000.

TEYSSIER, P. *História da língua portuguesa*. Lisboa: Sá da Costa, 1997.

TOVAR, A. In: SPINA, Segismundo. *Introdução à edótica*: crítica textual. 2. ed. rev. e atual. São Paulo: Ars Poética/Edusp, 1994, p. 22.

TRAVAGLIA, L. C. Sobre a possível existência de subtipos de texto. In: *Anais do Congresso Internacional da ABRALIN*. João Pessoa 2009, p. 2632-41.

TRINDADE, J. M. B. O abandono de crianças ou a negação do óbvio. *Revista Brasileira de História,* vol. 19, n. 37, São Paulo, set. 1999.

VALDEZ, D. Inocentes expostos: o abandono de crianças na Província de Goiás no século XIX. *Inter-ação*: Revista da Faculdade de Educação. UFG, v. 29, n.1, p. 107-29, jan.-jun, 2004.

VALERO, C. *Normas de publicações:* projeto experimental. Bauru: Edusc, 2000.

VILLALTA, L. C. O que se fala e o que se lê: língua, instrução e leitura. In: *História da vida privada no Brasil*: cotidiano e vida privada na América Portuguesa. São Paulo: Companhia das Letras, 2002, p. 331-86.

WILKINSON, P.; PHILIP, N. *Guia ilustrado Zahar:* Mitologia. Rio de Janeiro: Jorge Zahar, 2008.

XAVIER, M. F. *Dicionário de termos lingüísticos*. Lisboa: Cosmos, 1990.

ZARUR, D. *Educandário Romão de Mattos Duarte*. Rio de Janeiro: Binus Artes Gráficas Ltda., 2003.

OUTRAS MÍDIAS

AZEVEDO, Maria Emilia [Cineasta]. Filme de curta-metragem. *Roda dos Expostos*. Brasil, 2001.

RUY BARBOSA, Benedito [Autor de novela]. Novela *Terra Nostra*, TV Globo, 20/09/1999-20/06/2000. 221 capítulos. Disponível em: https://www.youtube.com/watch?v=BwefRJAnCoM.

ENDEREÇOS ELETRÔNICOS CONSULTADOS

BRASIL. Relatórios Ministeriais (1921-1960). Disponível em: http://www.crl.edu/brazil/ministerial. Acessado em: 14 de outubro de 2016.

Código de menores. Disponível em: http://www2.camara.leg.br/legin/fed/decret/1920-1929/decreto-17943-a-12-outubro-1927-501820-norma-pe.html. Acessado em: 10 de setembro de 2016.

Disponível em: http://www.dichistoriasaude.coc.fiocruz.br/iah/pt/verbetes/stcasarj.htm. Acessado em: 10 de setembro de 2016.

Disponível em: http://www.museudeimagens.com.br/febem-fundacao-estadual-bem-estar-do-menor/. Acessado em: 10 de novembro de 2016.

Disponível em: http://www.prefeitura.sp.gov.br/cidade/upload/84b46_02_T_Febem_Sampaio_Viana.pdf. Acessado em: 18 de setembro de 2017.

Disponível em: http://www.romaoduarte.com.br/. Acessado em: 14 de abril 2014.

Disponível em: http://www.santacasasp.org.br/portal/site/quemsomos/historico. Acessado em: 14 julho de 2015.

Disponível em: http://www.scml.pt/ptPT/areas_de_intervencao/cultura/arquivo_historico/trabalhos_publicados/. Acessado em: 21 de agosto de 2016.

GLOSSÁRIO DE TERMOS REFERENTES À RODA DOS EXPOSTOS

Este glossário é uma compilação de termos específicos referentes às rodas dos expostos. Cada item traz o termo pesquisado, o significado do termo ou o trecho da obra que o contém e a fonte bibliográfica que nos serviu como referência.

Bilhete. Mensagem curta, escrita em linguagem simples e coloquial. HOUAISS, 2002-2003.

Casa da Misericórdia. Instituição pia, cujos irmãos curam enfermos, casam órfãs que aí se educam, criam enjeitados. PINTO, 1820, p. 85.

Casa da roda. Em todas as cidades e vilas do Reino deve haver a Casa de roda, para expor os meninos que se enjeitarem, e esta existir no lugar mais acomodado que possa haver, em cada uma das terras em que devem estabelecer-se; para que mais facilmente se possam expor as crianças sem serem observados e conhecidos tão facilmente os seus condutores; procurando-se contudo, se possível for, um lugar bem ventilado e sadio; e uma casa de sobrado, espaçosa e com as janelas envidraçadas (PINTO, 1820, p. 4). Em muitas cidades de Portugal, apesar de tão latos privilégios, não existiam rodas. Em Aveiro, Penafiel e Alemquer fazia-se uma espécie de feira, onde apareciam as recoveiras, a fim de levar as crianças para as rodas das terras mais ricas, havendo até algumas câmaras que pagavam às tais recoveiras, livrando-se assim do encargo de ter rodas. FAZENDA, 1924, p. 39.

Casa dos Expostos. V. Casa da Roda.

Depositante. Pessoa que deposita a criança na roda dos expostos. NESTA OBRA.

Enjeitado. Enjeitados ou expostos são aqueles filhos cujos pais enjeitam e os expõem nas rodas, ou em outros lugares, para serem criados por caridade. São filhos do Estado. PINTO, 1820, p. 3.

Enjeitar. Não aceitar o que se ofereceu, ou deu, v. g., "enjeitar o desafio, o serviço, ou presente, o emprego". Tornar ao vendedor o que se tinha comprado. Expor a criança, o filho. Rejeitar o juiz, reenfar. Enjeitar a viagem, não aceitar. Enjeitar as inspirações divinas" H. Pinto. Enjeita a razão, i. e., reprova (Prov. H. General. T. 6. F. 383). "Enjeitou-o de parente" (Castam. 3. F. 160). BLUTEAU, 1712, p. 501.

Escrito. Bilhete breve. Composição por escrito — de obrigação, papel em que ela está lançada. BLUTEAU, 1712, p. 536.

Expor. Por à vista. Pôr em descoberto, patente, v. g., expor ao ar, ao sol; expor ao perigo, à zombaria. Expor o Sacramento, i. e., a hóstia consagrada em custódia. Oferecer-se, sujeitar-se, v. g., "expor-se ao perigo, ao exame". Expor um passo de algum autor. BLUTEAU, 1712, p. 585.

Exposição. O ato de expor, pôr à vista, em descoberto, em alvo, por barreira. Declaração, interpretação: explicação. BLUTEAU, 1712, p. 585.

Expositor. O que expõe, interpreta, declara, v. g., "os expositores, ou intérpretes da Escritura"; e fig.: "as suas obras". BLUTEAU, 1712, p. 585.

Exposto. De expor. Exposto à vista; ao sol, ao ar, às risadas e zombarias; arriscado, v. g., "aos golpes, tiros, feridas, perigos." Explicado. BLUTEAU, 1712, p. 585. Enjeitado.

Facultativo. Havia um esquema especial para o tratamento dos expostos doentes que ficavam na casa por mais tempo, entregues aos cuidados do facultativo até que se curassem. MANOEL & MORNA, 2001, p. 110. Médico responsável por acompanhar o tratamento dos expostos doentes.

Livro de entrada. V. Matrícula.

Livro de matrícula. V. Matrícula.

Livro de receita e despesa. "Além dos livros que deve haver, e são necessários para a matrícula, e entrega dos expostos às amas, haverá outro de Receita e Despesa, para se lançar nele em forma mercantil tudo o que se houver a bem da administração e o que se dispender com ela (...)". PINTO, 1820, p. 39.

Livro de registro. V. Matrícula.

Matrícula. (...) lhe fará a sua matrícula ou assento de entrada; em que declarará a hora, dia, mês e ano em que entrou pela roda, ou lugar em que fora exposto, e achado; a cor e qualidade de vestidos que trazia; os sinais externos que o acompanhavam, bem como os internos ou do corpo, que o possam distinguir para o futuro; e se trouxer algum escrito ficará apensado ao mesmo assento, para servir depois de identidade à sua reclamação ou justificação do próprio, e legitimação dos pais, e no mesmo assento se declarará o dia, mês e ano do seu batismo, por quem foi batizado, quem foram seus padrinhos, e que nome se lhe deu; cujo termo será assinado pelo magistrado presidente da Câmera, ou por quem servir de administrador, e pelo escrivão ou secretário, que o lavrou. Neste mesmo livro de matrícula ou entrada, não sendo grande a afluência dos expostos, se lançarão os termos de entrega às amas, reservando-se para cada exposto nove ou dez folhas do livro, não só para os termos de remoção de umas para outras amas (quando não for conveniente, que esteja sempre em a mesma ama), mas para os assentos dos pagamentos até a idade de sete anos; sem fazer diferença de ser de leite ou de seco, como se costuma fazer nas grandes casas de expostos; e no mesmo livro se fará seguidamente o assento do seu falecimento, ou de sua reclamação, ou entrega a seus pais; achando-se deste modo reunidas em um só lugar todas as clarezas que se pretenderem de qualquer exposto. PINTO, 1820, p. 18-19.

Recoveiro. Indivíduo que transportava o exposto e que tinha por obrigação entregá-lo a outrem. MANOEL & MORNA, 2001, p. 110.

Roda da misericórdia. V. Casa da roda.

Roda dos enjeitados. V. Casa da roda.

Roda dos expostos. V. Casa da roda.

Roda dos inocentes. V. Casa da roda.

Rodeira. Em cada uma das rodas haverá uma rodeira ou mulher que de dia e de noite vigie a entrada dos expostos, e dê logo parte ao magistrado da terra, ou administrador da roda da sua entrada. (...) A rodeira terá a obrigação de receber a toda a hora do dia e da noite os expostos que se apresentarem na roda, e de logo os aleitar, tendo ela leite; e não o tendo, nem havendo na casa ama ou criada de leite, de procurar ou fazer procurar *incontinenti* uma mulher que possa aleitar (...). PINTO, 1820, p. 8-9.

Sinal. Qualquer coisa da qual vimos em conhecimento de outra com que ela tem conexão natural. BLUTEAU, 1712, p. 402, vol. II.

Termo de entrega do exposto. O assento ou termo de entrega do exposto à competente ama deve conter o dia, mês e ano em que se faz, o nome do exposto, a sua idade, os vestidos que leva, e estado deles, o nome, e sobrenome da ama e do marido, sendo casada, a sua naturalidade, quanto fica vencendo por mês e até que idade o deve criar de leite, o nome, e sobrenome do fiador (que se exigirá às amas desconhecidas); declarando-se nele também o estado em que se lhe entrega o exposto, e obrigando-se a ama a criá-lo com todo o desvelo e cuidado, e a dar conta dele vivo ou morto com certidão autêntica, em que se declare a moléstia de que faleceu; devendo por isso assiná-lo, sabendo escrever, e não sabendo, outra pessoa a seu rogo, e o Abonador, se o houver, o Administrador, e Escrivão. PINTO, 1820, p. 19-20.

Visitador. Cumpre ao visitador: visitar os expostos de qualquer idade até os 18 anos, na divisão que lhe for designada, pelo menos uma vez por mês, mencionando no lugar do certificado ou livrete do exposto o dia em que o visitou e o estado em que foi encontrado, devendo ser feita esta visita das 9 horas da manhã até as 7 horas da tarde nos meses de março a agosto, e das 10 horas da manhã às 5 horas da tarde nos meses de setembro a fevereiro. (...). Regulamento para o Serviço dos Visitadores, Lisboa: Typographia do Futuro, 1873, p. 5.

TERMOS RELACIONADOS AOS SINAIS E AO ENXOVAL

Algodão. Planta têxtil proveniente da Índia, do Egito e da Espanha. COSTA, 2004, p. 137-61.

Alvadio. Alvacento; esbranquiçado; quase branco. HOUAISS, 2002-2003.

Apertador. Que ou aquilo que aperta. HOUAISS, 2002-2003.

Atadeira. Que serve para atar. HOUAISS, 2002-2003.

Baeta. Tecido de lã, grosseiro e felpudo. Tecido grosso de algodão. COSTA, 2004, p. 137-61.

Baetão. Tecido de pano muito grosso, próprio para capotes e saias. Cobertor de lã. COSTA, 2004, p. 137-61.

Baetilha. Baeta fina, ligeira, espécie de flanela. Tecido felpudo de algodão. COSTA, 2004, p. 137-61.

Barrete. Cobertura de tecido flexível que se ajusta facilmente à cabeça e termina em ponta que pende para trás ou para o lado. HOUAISS, 2002-2003.

Bertangil. Tecido de algodão que se usava, antigamente, na África e na Ásia. Pano de algodão, azul, preto ou vermelho, produzido pelos cafres. COSTA, 2004, p. 137-61.

Bobinete. Nome antigo de certa espécie de tule. COSTA, 2004, p. 137-61.

Bretanha. Tecido fino de linho ou algodão branco. DICIO – *Dicionário Online de Português*: dicio.com.br/bretanha/.

Brocado. Tecido ricamente decorado por tecelagem de fios de ouro e prata. O termo não tem significação técnica, mas é tradicional em documentos antigos sobre tecidos. Tela entretecida de fios de ouro de várias espécies. A qualidade mais preciosa é a que tem recamo de ouro relevado e se diz brocado-de-três-altos. Bordado como brocado. Tecido com figuras, geralmente elementos vegetalistas estilizados, em que o fundo é um desenho simples e as figuras resultam de grupos de alinhavos de teia ou de trama presos de modo conveniente, mas sem uma ordem preestabelecida. Também se podem usar fios de ouro ou prata (brocados antigos), mas, por razões de ordem prática, torna-se necessário utilizar um tear tipo Jacquard. COSTA, 2004, p. 137-61.

Cambraia. Tecido fino e transparente de linho ou algodão, primitivamente fabricado em Cambraia (França). Espécie de tarlatana gomada, usada como entretela no vestuário. COSTA, 2004, p. 137-61.

Cambrainha Espécie de cambraia de qualidade um pouco superior à cambraieta. COSTA, 2004, p. 137-61.

Camisola. Camisa comprida de dormir. HOUAISS, 2002-2003.

Cassa. Tecido de linho ou de algodão muito fino, leve e transparente. DICIO – Dicionário Online de Português: dicio.com.br/cassa/.

Chita. Tecido de algodão estampado em cores. O mesmo que calicô. COSTA, 2004, p. 137-61.

Coeiro. V. Cueiro.

Cotelê. O mesmo que bombazina. Tecido de veludo de seda ou algodão com sulcos muito profundos (canelados) na face do direito, no sentido da teia (vertical). Muito resistente, usa-se para vestuário prático. COSTA, 2004, p. 137-61.

Cueiro. Pano de cobrir e encachar os meninos. BLUTEAU, 1712, p. 353, vol I. Pano que serve para envolver as nádegas e pernas das crianças recém-nascidas. HOUAISS, 2002-2003.

Debruado. Que tem debrum. DICIO – Dicionário Online de Português: dicio.com.br/debruado/.

Debrum. Fita, tira de pano que se cose dobrada sobre a orla de um tecido de modo a formar uma guarnição em relevo, ou a prender a trama. DICIO – Dicionário Online de Português: dicio.com.br/debrum/.

Debuxo. Desenho ou estampa. Peça das fábricas de estamparia, lavrada em relevo ou vazada, sobre a qual se aplicam os corantes ou tintas para estampar os desenhos nos tecidos, sobretudo nas chitas. COSTA, 2004, p. 137-61.

Esmola. O que se dá por caridade ao pobre, ou necessitado. BLUTEAU, 1712, p. 543, vol I.

Fazenda. Tecido ou pano de lã de que se fazem peças de vestuário. COSTA, 2004, p. 137-61.

Ferrete. Instrumento de ferro, é uma haste com seu cabo, e no outro tem lavrada alguma cifra, ou figura; feito em brasa se punha na testa dos escravos, dos ladrões; e dos gados, nas ancas para se conhecer seu dono, e haver notícia do ladrão, e saber-se que já fizera outro roubo, de que foi perdoado. BLUTEAU, 1712, p. 610, vol I.

Fita. Tecido longo, estreito, de lã ou seda para atar, guarnecer etc. BLUTEAU, 1712, p. 619, vol I.

Flanela. Tecido espesso e macio, onde não se vê o efeito da técnica, geralmente uma sarja batávia de 4. Designa-se "flanela de lã" quando obtida por feltragem controlada; diz-se "flanela de algodão" quando obtida por perchagem. COSTA, 2004, p. 137-61.

Fustão. Tecido de algodão, lã, linha ou seda em fios mais ou menos grossos. DICIO – Dicionário Online de Português: dicio.com.br/fustão/.

Guarnecido. Adornado com franjas, cairéis, fitas. BLUTEAU, 1712, p. 674, vol I.

Índigo. Planta tintureira do índigo, da qual existem várias espécies, mas apenas duas nos interessam: a originária da Índia (*indigofera tinctoria*) e a do Egito e Etiópia. Corante azul para tingir. Cor azul. COSTA, 2004, p. 137-61.

Largado. Que se largou, que se deixou ir. Que foi abandonado ou esquecido; rejeitado, desprezado. Que não demonstra cuidado com a aparência ou modo de vestir; desleixado, relaxado: "ele é meio largado, meio *hippie*". HOUAISS, 2002-2003.

Lenço. Espécie de tecido (antigo) de linho ou algodão. Tela de pintura ou quadro. Tecido fino de linho usado para assoar ou em roupas de baixo, bem como no uso doméstico. Pedaço quadrangular de tecido de linho, seda ou algodão. COSTA, 2004, p. 137-61.

Linho. Planta têxtil, cujas fibras produzem tecidos de diversas qualidades. Tecido obtido a partir dessa fibra. COSTA, 2004, p. 137-61.

Mango. A parte mais comprida do mangual. Designação faceta do dinheiro brasileiro: "O almoço vai custar cem mangos". [Regionalismo: Sul] Relho de cabo curto e grosso, com tala comprida e larga. HOUAISS, 2002-2003.

Manguito. Manga pequena. Pequena manga, para enfeite ou resguardo dos punhos. Designação antiga do regalo de peles. A parte inflável do esfigmomanômetro, que circunda o braço. HOUAISS, 2002-2003.

Mandil. Pano grosseiro de fabricação local, para vestuário feminino e principalmente usado para limpar ou esfregar. Fazenda própria para capas, utilizada na Índia portuguesa. Variação presente dos escritos: Mandrião. HOUAISS, 2002-2003.

Manta. Cobertor de cama de lã, em geral colorido e enxadrezado. Tira de seda ou lã que os homens enrolam ao pescoço, servindo-lhes de gravata. Lenço ou xale que as mulheres põem sobre os ombros ou na cabeça; mantilha. Grande pedaço de carne ou peixe exposto ao sol. Agricultura. Sulco para plantação de bacelo. Camada humífera; folhada. Camada que se forma ao ser sulcada a terra. HOUAISS, 2002-2003.

Medalha. Peça de metal forjada em memória de um feito glorioso ou em honra de uma pessoa ilustre. Peça de metal concedida como prêmio de um concurso, em recompensa por atos humanitários etc. Peça de metal em que se representa o objeto de uma devoção. HOUAISS, 2002-2003.

Merino. Diz-se de uma raça espanhola de carneiros, cuja lã, muito fina, é bastante apreciada. Tecido feito com essa lã. HOUAISS, 2002-2003.

Morim. Pano branco e fino, de algodão. COSTA, 2004, p. 137-61.

Paninho. Pano fino de algodão. COSTA, 2004, p. 137-61.

Pano. (Diversas designações) – cru: pano de algodão que não branqueou, depois de tecido. – da Frísia: tecidos orientais; bordados semelhantes aos executados na Frísia. – de Aragão/Castela: tecidos de lã e de seda, grosseiros, vindos daquelas regiões e vendidos nas feiras do interior. – de armar: ou panos de Arrás (tapeçarias) para ornamentar portas, galerias, paredes, etc. – de cadeira: pano de tecido rico e decorativo com que se cobria a cadeira. – de cócedra: pano que se colocava sobre os colchões. – de ervas-da-Índia: (ver Ervas da Índia) – de estante: pano de tecido rico e decorativo com que se cobriam os sitiais. – de Minde: pano de lã. – da Serra: pano grosseiro, duradouro, semelhante ao burel; surrobeco. – de treu: pano forte, para velas de navios, produzido na região do Porto e na Maia. – de varas: espécie de burel ou picotilho, muito estreito de que se faziam gabões. – família: certa qualidade de pano de algodão para roupas de casa; pano-patente; morim. – meirinhos: tecidos feitos com lã de gado meirinho (gado ovino ou caprino que vive na montanha no verão e na planície no inverno); lã meirinha; o mesmo que merina/merino. – patente: tecido de algodão usado em roupas de cama. – paló: pano ordinário (da Índia portuguesa). – piloto: tecido de lã mais macio e delgado que a saragoça; espécie de briche. – síricos: de sirgo = panos de seda. – viado: tecido riscado, decorado com listas ou riscas. COSTA, 2004, p. 137-61.

Promessa. Compromisso de fazer, dar ou dizer alguma coisa: cumprir a promessa. Ação ou efeito de prometer. Voto feito aos santos ou a Deus para obter alguma graça. [Figurado] Esperança que se funda em aparências: "a promessa de bom tempo". HOUAISS, 2002-2003.

Raminho. Pequeno ramo. Pequeno ramalhete. Espécie de jogo popular. [Popular]. Pequeno ataque de doença, especialmente de paralisia ou estupor. HOUAISS, 2002-2003.

Renda. Trabalho delicado, gracioso, de tecido ou malha aberta, com desenhos geométricos ou outras temáticas, executado com fios diversos, podendo incluir os metálicos e destinado a enfeitar, sobretudo, têxteis ou a ser usado simplesmente. Pode ser produzido mecânica ou manualmente, utilizando agulhas, almofadas, bilros ou simplesmente os dedos. COSTA, 2004, p. 137-61.

Seda. Substância filamentosa, produzida pela larva de um inseto chamado bicho-da-seda. Matéria têxtil extraída de casulos, especialmente dos produzidos por aquele inseto. Tecido feito com essa mesma substância. Fibra animal de natureza proteica. No plural, designa trajes de seda. Existem cerca de 100 insetos, que igualmente produzem seda, mas esta é muito pouco aproveitada. Estas sedas são conhecidas pelo nome de tussah. COSTA, 2004, p. 137-61.

Tecido. Pano preparado no tear. Trama de fios; urdidura. Modo como os fios de um estofo estão reunidos. [Biologia] Reunião de células com a mesma estrutura, exercendo determinada função. Conjunto, encadeamento, série. Cerração. Disposição, ordem. HOUAISS, 2002-2003.

Volvedor. Envolvedor. Cinta de atar crianças, larga. BLUTEAU, 1712, p. 535, vol II.

ÍNDICE REMISSIVO

A

Abandono 12-14, 18, 27, 29, 30, 38, 39, 41-45, 50-52, 58, 61, 147, 182, 196, 206-208, 210-212, 216

Anonimato 12, 135, 139, 141, 145, 147, 151, 199, 200

Arquivo 7, 8, 11, 19, 20, 26, 55, 63-70, 72, 73, 104, 172, 180, 204, 206, 208, 211-213, 217

Autor 23, 34, 72, 80, 127, 128, 131, 132, 134, 135, 141-143, 146, 147, 151, 153, 163, 164, 168-177, 182, 184, 189, 190, 195-201, 216

B

Bahia 8, 55, 66, 67, 72, 73, 97-100, 200, 208, 211, 215

Batismo 13, 26, 34, 58, 65, 66, 68, 93, 154, 161, 162, 163, 164, 165, 170, 182, 198

Bilhete 26, 75, 81, 83, 91, 102, 167, 172, 175, 184, 218, 219

C

Carta 18, 26, 48, 55, 65, 67, 117, 121, 133, 146, 173, 174, 180, 181, 183, 189, 190, 195, 202, 211, 213, 214

Codicologia 19, 79, 212

Criança 13-15, 17, 18, 20, 23, 25-27, 29-31, 33, 34, 36-47, 49, 50-53, 55, 57, 62, 65, 67, 70-72, 74-76, 80, 81, 83-88, 91-94, 96-100, 102-109, 111-116, 118, 119, 121, 124, 125, 126, 128, 135, 137, 139, 140, 142, 143, 145, 146, 154, 156-159, 160, 161, 163-174, 177, 182, 184, 186, 187, 191, 192, 195, 199-205, 207-211, 213, 214, 216, 218, 219

Cultura da roda 11, 12, 15, 179, 203

D

Documento 8, 11, 14, 15, 19, 20, 25, 26, 31, 34, 35, 51, 56, 62-66, 68-70, 72, 79, 87, 127-129, 133, 136, 137, 141-143, 146, 148, 151, 153, 154, 166-170, 177, 179, 180, 184, 196, 200, 201, 203, 204, 207, 209, 213, 214

E

Enjeitado 20, 25, 27, 36, 38, 40, 46, 50, 67, 143, 206, 208, 214, 218, 219

Escritos 7, 11, 13, 15, 17-21, 25-27, 31, 32, 34, 35, 55, 62-64, 68, 69, 70, 72, 73, 76, 77, 79, 127-137, 139-143, 146-148, 151-158, 160-174, 176, 177, 179-182, 184, 190, 196, 199-203, 215

Estatuto 15, 57, 61, 62, 205, 209

Exposto 20, 25-27, 29-31, 33, 35-38, 40-46, 48, 49, 51-54, 56-59, 61-70, 72, 80, 81, 83, 85, 86, 105, 116, 118, 124, 125, 128, 143, 145, 151, 154-158, 160-165, 167-170, 174-177, 182, 184, 187-190, 197-204, 206-208, 211, 213, 216, 218, 219

F

Família 12-14, 18, 31, 45, 47, 48, 50, 54, 55, 59, 182, 209, 210, 215

Filologia 7, 199, 207, 210, 212-214

Formato 19, 32, 33, 79, 80, 83-94, 96, 98-109, 111-116, 118, 119, 121, 124-126, 129, 132, 133, 135, 137, 174-176, 179, 186, 187, 189, 191, 195, 197, 198, 201

H

História, Histórico 7, 14, 20, 25, 27, 31, 35, 65, 66, 68, 70, 72, 73, 135, 139, 190, 204, 205, 206, 207, 208, 209-216

L

Lei 13, 15, 41, 50, 54, 57, 59, 61, 62, 151, 205, 210

Lisboa 8, 11, 18, 19, 27, 29, 30, 32, 33, 38, 39, 40, 41, 44, 48, 63-65, 72, 73, 80, 81, 83-93, 95, 96, 146, 152, 200, 204, 206, 207, 208, 210-214, 216

M

Mãe 12, 18, 28, 29, 38, 41, 44, 51, 53, 56, 58, 67, 76, 97, 100, 103, 104, 105, 107, 109, 112, 113, 115, 120, 121, 123, 124, 127, 147, 173, 186, 187, 188, 189, 192, 195, 196, 197, 198, 206

Menor 41, 42, 53, 56, 61, 62, 88, 175

Misericórdia 7, 8, 11, 12, 14, 17, 18, 22, 29, 30, 32-34, 39, 41, 46-48, 55, 59, 64, 66, 67, 69, 70-73, 80, 81, 83-94, 96-109, 111-116, 118, 119, 121, 123, 125, 126, 143, 144, 167, 168, 186, 187, 200, 205, 206-208, 211-213, 215, 218

Museu 8, 12, 63, 68, 69, 70, 72, 73, 121, 217

N

Nascimento 13, 26, 27, 51, 52, 55, 58, 59, 65, 68, 80, 84, 87-90, 92, 93, 95-102, 104, 106, 108, 109, 111-113, 116, 118, 120, 122, 126, 154-156, 166, 167, 182, 197, 198, 199, 201, 202, 214

Nome 13, 27, 33, 34, 55, 58, 65, 71, 75, 80, 85, 86, 87, 89-94, 96-99, 101-109, 111-113, 116, 117, 120, 122, 124, 126, 141-144, 146, 148, 150, 151, 154, 157-161, 163, 165, 166, 169, 170, 173, 174, 180-184, 186, 187, 192, 196, 198, 199, 200, 201

P

Pai 12, 18, 27, 28, 41, 58, 90, 100, 101, 108, 121, 123, 124, 126, 147, 172, 188, 192, 196, 206

Portugal 11-13, 17, 18, 36, 38, 39, 44, 46, 47, 49, 57, 72, 146, 160, 205, 207, 208, 214, 215, 218

R

Rio de Janeiro 7, 18, 47, 48, 50, 57, 63, 64, 68, 72, 73, 75, 101-109, 111-117, 152, 180, 181, 191, 200, 204, 205, 207, 209-213, 215, 216

Roda 5, 15, 17, 18-20, 25-27, 31, 34-38, 40, 41, 43, 44, 46, 47, 49, 51, 54, 55, 61-70, 72, 79, 105, 107, 111, 112, 118, 128, 131-133, 135-137, 139, 141-143, 145, 151, 153, 154, 157, 161, 164-171, 173, 174, 177, 179, 180, 182, 190, 196, 199, 200-204, 206, 207, 210, 211, 214-216, 218, 219

S

Salvador 7, 8, 18, 55, 63, 64, 66, 67, 72-74, 98, 100, 152, 204, 209, 211

Santa Casa 8, 29, 30, 32, 33, 36, 39, 46-48, 55, 59, 64, 66, 67, 69, 70-72, 80, 81, 83-93, 95-109, 111-116, 118, 119, 121, 123-126, 143, 144, 167, 168, 200, 206, 207, 208, 211-213

São Paulo 7, 8, 18, 63, 64, 69, 71-73, 76, 118, 119, 121, 123-126, 152, 182, 187, 190, 200, 204-216

Sinal 23, 31-34, 81, 84, 85, 87, 88, 89, 92, 101, 104, 105-108, 111, 112, 132, 138, 171, 172-175, 184, 189, 201, 202, 207

Suporte 19, 23, 32, 33, 34, 65, 79, 80, 81, 83-94, 96-109, 111-116, 118, 119, 121, 124, 125, 126, 129, 130-139, 174-176, 179, 186, 189, 191, 195, 197, 198, 201

Elizangela Dias nasceu em São Paulo e é descendente de portugueses e pernambucanos. Formou-se em Filologia da Língua Portuguesa pela Faculdade de Filosofia, Letras e Ciências Humanas da Universidade de São Paulo (FFLCH-USP). Obteve o título de mestre com uma pesquisa sobre o reclame em livros manuscritos e impressos dos séculos XVI a XIX, que deu origem a seu primeiro livro. Recebeu o título de doutora na mesma área, ao defender a tese. *O sinal é este mesmo bilhete: uma tipologia documental para os escritos da Roda dos Expostos*, que forneceu a base para esta publicação.

Atualmente trabalha na empresa Google, onde é engajada à iniciativa #IamRemarkable, com o intuito de estimular pessoas de grupos minorizados e minoritários a sentir conforto em falar sobre suas conquistas dentro e fora do ambiente de trabalho, combatendo preconceitos arraigados em nossa sociedade.

Também é membro dos Grupos de Pesquisa de edição de textos em português: crítica textual e ciências afins, da FFLCH-USP, e membro associada do Grupo de Estudos Filológicos do Estado de Sergipe.

Esta obra foi composta em Bely 12,3 pt e impressa
em papel Polen Natural 80 g/m² pela gráfica Paym.